Für Gipfelstürmer
DEIN LEBEN, DEINE ZIELE UND DU

Hallo,

WIR FREUEN UNS RIESIG, DASS DU DICH ENTSCHIEDEN HAST, DIESES BUCH ZU LESEN.

Es wird richtig spannend und unterhaltsam, versprochen!

Neulich hörte ich, Sung, während einer Jugendfreizeit einen Vortrag zum Thema Finanzen von Stephan, einem meiner besten Freunde. Ich wollte ihm einfach während seines Vortrags beistehen. Über das Thema selbst wusste ich ja schon alles … dachte ich. Bis ich feststellte, dass ich vieles eben nicht wusste. Mir wurde klar, dass ich heute in wahrscheinlich allen Lebensbereichen anders dastehen würde, hätte ich all diese Dinge bereits als Schulabgänger gewusst.

Unbesiegbares Team

Für mein Leben ist dieser Zug vor 20 Jahren abgefahren und ich muss mich um einen Plan B kümmern. Aber für dich ist es nicht zu spät. Und deshalb wollen wir dir mit diesem Buch ermöglichen, aus unseren Erfahrungen zu lernen und dich bestmöglich auf das, was kommt, vorzubereiten.

Wir haben dazu ein Superheld:innen-Team aus 15 Expert:innen zusammengestellt, die uns dabei unterstützen. Apropos Superheld:innen: Hast du dich jemals gefragt, warum die Avengers so erfolgreich sind? Sie sind ein bunter Haufen, aber mit ihren einzigartigen, unterschiedlichen Talenten ergänzen sie sich einfach perfekt. Einzeln sind sie zwar gut, aber gemeinsam können sie sogar schier unbesiegbare Feinde wie Thanos bezwingen und die Welt retten. Genauso haben wir unser Team für dich zusammengestellt. Unsere Superheld:innen für dich kommen aus unterschiedlichen Bereichen (Wirtschaft, Politik,

Medizin, Pädagogik u. a.), sind unterschiedliche Karrierewege gegangen und jede:r sticht durch besondere Talente hervor.

Nutze ihre Erfahrungen als Anregung und Inspiration, reflektiere sie und diskutiere sie mit Freund:innen und Familie. Nutze die Tipps so, wie sie in dein Leben passen. Sture Aufzählungen von Fakten, Studien oder schlauen Sprüchen wirst du in unserem Buch nicht finden. Die kannst du einfach googeln, wenn du sie brauchst. Wir bieten dir etwas viel Wertvolleres: von erfolgreichen Menschen über Jahre angewandtes Wissen, Lebenserfahrung, Hilfe zum Handeln und Selbstreflexion.

Hast du Lust auf ein selbstbestimmtes, reflektiertes und zielstrebiges Leben, das du frei nach deinen eigenen Vorstellungen und Wünschen gestalten kannst? Entweder du wartest auf eine Fee, die dir deine Wünsche erfüllt, oder du packst es selbst an. Dann bist du hier genau richtig!

DIESES BUCH IST NICHT FÜR JEDEN!

Den Titel „Für Gipfelstürmer" haben wir bewusst gewählt. Es ist ein Buch für Jugendliche und junge Erwachsene, die Bock auf mehr haben und sich fragen: Auf welchen Gipfel will ich und warum? Wo ist der Einstieg? Welche Wege gibt es? Wie gehe ich mit Hindernissen um, die mir auf dem Aufstieg begegnen? Was benötige ich an Gepäck? Und ganz wichtig: Wie und mit wem feiere ich, wenn ich oben bin?

So holst du alles raus

QR-CODES

Zu Beginn jedes Kapitels stellen sich dir die Experten kurz vor. Mehr Insights bekommst du, wenn du den QR-Code scannst. Hier erwartet dich ein witziges kurzes Video mit spannenden Fakten über die jeweiligen Autoren. Vielleicht sogar Dinge, die sie sonst nicht so preisgeben würden ...? Hinter anderen QR-Codes verstecken sich Checklisten, Tabellen und spannende Links.

Im Buch ist Platz für **deine Gedanken**: markiere, notiere, skizziere, ergänze! Nutze dein Buch und gestalte es individuell mit deinen eigenen Ideen.

Zur Erweiterung deines Horizonts gibt's am Ende jedes Kapitels ganz praktische Tools:

Erreichenswert – Fragen und Ziele, die dich ganz konkret weiterbringen.

Umsetzenswert – praktische Tipps und Anweisungen für deine nächsten Schritte.

Nennenswert – weitere Quellen und Ideen, die den Umfang des Kapitels sprengen würden.

Nachdenkenswert – theoretische Fragen und Ideen, die dich zum Nachdenken bringen.

Zahlenwert – Statistiken und Zahlen zum Thema, die dich überzeugen.

DEIN MANTRA

Der Satz auf der letzten Seite deines Lieblingskapitels kann dein neuer Leitsatz werden. Als mobiles Bildschirmmotiv motiviert er dich jeden Tag, etwas aus deinem Leben zu machen. So kannst du ihn übrigens auch ganz einfach mit anderen teilen und sie dazu bringen, bei deinen Lieblingsthemen mitzureden.

Und los geht's ...

@gipfelstuermerbuch

DEIN ROUTENPLAN

Dein STARTPUNKT

→ **01 Selbstbewusstsein >> Jana Katherina Piller** — 010
Wie du dich selbst kennen und lieben lernst

→ **02 Mindset >> Dominic Krätz** — 020
Wie deine innere Einstellung deine Limits bestimmt

→ **03 Glück >> Alexander Raths** — 030
Wie du es schaffst, als Glückspilz unterwegs zu sein

Deine KONDITION

→ **04 Gesundheit >> Dr. Wolfgang Tonn** — 042
Warum ein gesunder Lebensstil keinen Verzicht bedeutet

→ **05 Schlaf >> Dr. Sabrina Han** — 054
Warum ohne diese weltbewegende Pause nichts geht

Dein TEAM

→ **06 Familie >> Charlotte Quik** — 072
Wie du Stärke aus diesem unvermeidbaren Netzwerk ziehst

→ **07 Freundschaft >> Dr. Sung Han** — 082
Wie du die richtigen Wegbegleiter:innen wählst

→ **08 (Cyber-)Mobbing >> Kim Marina Schlangenotto** — 096
Wie es weitergeht, wenn alle gegen einen sind

→ **09 Partnerwahl >> Kyul Floehr** — 108
Wie ihr zu zweit als Gipfelstürmer:innen unterwegs sein könnt

Deine Ausrüstung

→ *10 Finanzen >> Stephan Choe*   *120*
Wie deine innere Freiheit zu finanzieller Freiheit führt

→ *11 Gewohnheiten >> Lukas Hong*   *136*
Wie dein Lebensstil dich zu deinem Erfolg führt

→ *12 Zeitmanagement >> Prof. Dr. Christian Hanke*   *148*
Wie deine Prioritäten dich zu deinen Zielen führen

→ *13 Kommunikation >> Alexander Wurz*   *158*
Wie Zuhören zu guten Beziehungen führt

Deine Gipfelkreuze

→ *14 Influencer:in werden >> Kathi Schr*   *172*
Wie du andere mit auf deine Reise nimmst

→ *15 Selbstständigkeit >> Hanna Umfahrer*   *184*
Wie du herausfindest, ob berufliche Selbstbestimmung dein Ding ist

Dein Start

BEVOR ES LOSGEHT, MUSST DU DEINE POSITION BESTIMMEN. WO IST DEIN BASISCAMP? WAS BRAUCHST DU, UM DICH AUF DEN WEG ZU MACHEN UND VORWÄRTSZUKOMMEN?

JANA KATHERINA PILLER

ist Unternehmensberaterin und Wirtschaftspsychologin und macht gerne Sport, damit sie mehr essen kann.

Selbstbewusstsein

WIE DU DICH SELBST KENNEN UND LIEBEN LERNST

Kennst du die Geschichte von Mulan? Sie geht auf ein viele Jahrhunderte altes chinesisches Volksgedicht zurück, das von einem Mädchen namens Hua Mulan im 5. Jahrhundert nach Christus handelt. Dieses Mädchen verkleidet sich als Mann, um anstelle ihres Vaters in der kaiserlichen Armee zu dienen. Vielleicht fragst du dich gerade, was eine so alte Geschichte wohl mit Selbstbewusstsein im 21. Jahrhundert zu tun hat. Das werde ich dir gleich erklären, aber zuerst wollen wir uns die Geschichte noch etwas genauer anschauen.

Die chinesische Ballade diente als Inspiration für den bekannten Disney-Zeichentrickfilm Mulan. Der Film spielt im mittelalterlichen China. Das Kaiserreich wird durch die Hunnen und ihren Anführer Shan Yu bedroht. Deshalb befiehlt der Kaiser, einen Mann aus jeder Familie einzuziehen, um dem Feind mit einer starken Armee entgegenzutreten. Mulan und ihre Familie ahnen noch nichts von der Bedrohung und so macht sich Mulan wie jede junge Frau in ihrem Alter zurecht, um sich der örtlichen Heiratsvermittlerin vorzustellen. Zu ihrer Zeit können Frauen ihrer Familie ausschließlich durch eine gute Heiratspartie Ehre erweisen. Hierfür müssen sie dem Idealbild der hübschen, schweigsamen, anmutigen und höflichen Frau entsprechen. Mulan ist aber klug, gerecht und mutig. Sie kann sich daher mit dieser Vorstellung nicht identifizieren und so endet ihr Termin bei der Heiratsvermittlerin im Desaster. Mulan ist enttäuscht und frustriert. Sie erkennt in der herausgeputzten Braut ihr eigenes Spiegelbild nicht und hat das Gefühl, allen, die ihr etwas bedeuten, das Herz zu brechen, sollte sie sich so geben, wie sie wirklich ist. Sie erkennt aber auch, dass sie sich nicht verstellen kann, und wünscht sich nichts sehnlicher, als dass ihr Spiegelbild ihr wahres Ich zeigt.

Kurze Zeit später erfährt die Familie vom Befehl des Kaisers. Da er keinen Sohn hat, nimmt Mulans Vater den Befehl trotz schwerer Kriegsverletzung entgegen. Verzweifelt beschließt Mulan, als junger Mann verkleidet für ihren Vater in den Krieg zu ziehen. In der Armee angekommen, scheint sie auch hier nicht hineinzupassen. Durch ihre Klugheit schafft sie es aber, sich den Respekt der anderen Rekruten und ihres Hauptmanns zu erarbeiten und den Kampf gegen die Hunnen für sich zu entscheiden. Durch eine Verletzung, die sie sich dabei zuzieht, entdeckt ihre Einheit jedoch ihre wahre Identität und lässt sie allein in den Bergen zurück. Dort erkennt Mulan, dass es ihr nicht nur um ihren Vater ging, sondern sie auch selbst im Spiegel jemanden sehen wollte, auf den sie stolz sein kann. In den Bergen bekommt sie mit, dass Shan Yu und einige seiner Gefolgsleute den Kampf überlebt haben. Sie reitet nach Peking und schafft es gemeinsam mit einigen vertrauten Rekruten aus ihrer Einheit, den Feind zu besiegen und den Kaiser und ganz China zu retten.

Wie du dein wahres Ich erkennst

Was lernen wir aus dieser Geschichte? Mulan war nicht die perfekte Braut. Sie hat alle getäuscht, als sie sich als Mann ausgegeben hat, und das war nicht richtig. Doch Mulan hat trotz ihrer Andersartigkeit ihren Platz gefunden und es geschafft, ihrer Familie Ehre zu erweisen, auch wenn sie nicht den Rollenvorstellungen des mittelalterlichen Chinas entsprach. Auch heutzutage gibt es noch bestimmte Rollenvorstellungen und Erwartungen anderer, die dich prägen und einen großen Einfluss auf dein Leben haben: Deine Eltern erwarten von dir, dass du Zeit in eine gute Ausbildung investierst, deine Freund:innen wiederum möchten, dass du Zeit mit ihnen verbringst. Im Gegensatz zu Mulan musst du dich aber nicht erst als jemand anderes ausgeben, um in deinem Spiegelbild den Menschen zu erkennen, der du wirklich bist. Mit diesem Kapitel möchte ich dir das relevante Hintergrundwissen und einige Tipps an die Hand geben, wie du lernen kannst, dich selbst besser zu kennen und zu akzeptieren und zwar so, wie du bist, mit deinen Ecken und Kanten, Stärken und Schwächen. Dafür bringe ich dir näher, was Selbstbewusstsein überhaupt ist, warum du es brauchst und es für dich wichtig ist, wie du es bekommst und herausfindest, wer du eigentlich bist, damit du lernst, wie unsere Heldin dein wahres Ich in deinem Spiegelbild zu erkennen.

Was ist Selbstbewusstsein?

Selbstbewusstsein bedeutet: dir deiner selbst bewusst zu sein und dich selbst zu kennen. Stell dir vor, du blickst in einen Spiegel und

Wer bin ich?

betrachtest dich selbst. Dabei siehst du dich selbst mit dem, was dir gut gefällt, und dem, was dir nicht so gut gefällt. Und je länger und öfter du in den Spiegel schaust, desto klarer wird dein Bild von dir selbst. Mit der Zeit entdeckst du immer mehr an dir, auch Dinge, die du früher noch nicht gesehen hast. Dabei ist die Person, die du betrachtest, immer du selbst.

So ähnlich ist das mit deinem Selbstbewusstsein. Es ist in dir begründet, beruht aber nicht nur auf deinem Äußeren, sondern auch auf deinem Inneren: deiner Persönlichkeit, also wer und wie du bist, und deinen Fähigkeiten, also deinen Stärken und Schwächen. Wenn du diese Dinge über dich weißt, verstehst du das Warum hinter dem, wie du denkst, fühlst und handelst.

FÜR EIN GESUNDES SELBSTBEWUSSTSEIN IST WICHTIG, ZU VERSTEHEN: DU BIST NICHT PERFEKT.

Aber auch zu wissen: Du musst gar nicht perfekt sein, denn niemand ist perfekt. Du ruhst in dir und hast Frieden mit dir selbst geschlossen. Ich zum Beispiel weiß, dass ich nie ein Picasso werde.

Der erste Schritt zum Selbstbewusstsein ist also: Du siehst dich und lernst dich besser kennen. Und der zweite Schritt ist, dass du dich so akzeptierst, wie du bist. Ich würde sogar noch einen Schritt weiter gehen und sagen: Du akzeptierst dich nicht nur, sondern du magst dich auch. Hierfür ist dein Blick auf dich selbst ganz wichtig: Versuch mal, dich im Spiegel anzuschauen, wie ein guter Freund oder eine gute Freundin dich

Sei FREUNDLICH zu DIR!

sieht, nämlich mit einem freundlichen, wohlwollenden Blick. Sieh dich selbst an und denke über deine Stärken nach, also die Dinge, die du gut kannst und die dir an dir gefallen. Gute Freund:innen mögen dich ja schließlich auch so, wie du bist. Dann sieh dich selbst an und denke über deine Schwächen nach. Das sind die Dinge, die dir nicht so gut an dir gefallen, in denen du nicht so gut bist. Gute Freund:innen kennen nämlich auch deine Schwächen. Und hier ist das Wunderbare an ihnen: Sie nehmen dich so an, wie du bist. Sie mögen dich trotzdem, sogar gerade deshalb. Und dasselbe solltest du auch mit dir selbst tun!

Das ist mein Ziel mit diesem Kapitel: Ich möchte dir beibringen, dich selbst zu mögen, sogar zu lieben, wie du bist, mit deiner ganzen Einzigartigkeit.

Warum brauchst du Selbstbewusstsein?

Warum solltest du dich gut kennen, sogar lieben? Wieso ist das für dich wichtig?

Wenn du dich selbst kennst und weißt, wer und wie du bist, was du für Stärken und Schwächen hast, dann hast du einen entscheidenden Vorteil: Du hast ein klares,

Gesundes Selbstbewusstsein

realistisches Bild von dir selbst und zeigst dieses Bild auch nach außen. Und dann wirst du auch von anderen so wahrgenommen, wie du wirklich bist, und gibst ihnen die Möglichkeit, dich genau so zu sehen. Du kommst dadurch in eine proaktive Rolle: Du nimmst dein Leben in deine eigene Hand und gestaltest es selbst aktiv, auch im Umgang mit anderen Menschen. Du übernimmst Verantwortung für dich selbst und triffst eigene Entscheidungen. So fällt es dir leichter auszudrücken, wer du bist, beispielsweise auch dadurch, wie du dich anziehst.

Die Alternative ist: Du hast wenig Selbstbewusstsein, bist verunsichert und verhältst dich deshalb anders, als du eigentlich bist. Das kann zu viel Enttäuschung und Frust führen und ein Gefühl der Verzweiflung hervorrufen, wie in der Geschichte von Mulan. Eigene Entscheidungen zu treffen und die Verantwortung für dich selbst zu übernehmen, macht dir vielleicht etwas Angst, denn du kämpfst dann wie Mulan an vorderster Front.

ABER NUR, WENN DU KÄMPFST, KANNST DU DEN KAMPF AUCH GEWINNEN UND WIRKLICH ZU DEINEM WAHREN SELBST FINDEN.

Nur so kannst du der Mensch sein und werden, der du wirklich bist, und dich annehmen und lieben, wie du bist.

Woher kommt Selbstbewusstsein?

Aber wo kommt dein Selbstbewusstsein, dein Selbstbild eigentlich her? Die Antwort ist: von deinen Eltern, beziehungsweise den Menschen, die dich großgezogen und damit maßgeblich geprägt haben. Sie haben dir in deiner Kindheit ihre Werte und Ansichten weitergegeben – das, was ihnen wichtig war. Das heißt: Ein gesundes Selbstbewusstsein kannst du bereits von ihnen mitgegeben bekommen haben. Aber auch wenn das nicht der Fall ist, kannst du ein gesundes Selbstbewusstsein erwerben. Wie das geht? Du musst dich mit deiner Geschichte und deiner Herkunft auseinandersetzen! Wenn du das nicht tust, wirst du kein gesundes Selbstbewusstsein bekommen. Du wirst grundsätzlich alles entweder genau anders oder genauso wie deine Eltern machen, aber nie wirklich verstehen, warum du die

Ein ständiger Prozess ...

Dinge so tust, wie du sie tust. Wenn du dich aber mit deinen Wurzeln beschäftigst, gibst du dir selbst die Möglichkeit, deinen eigenen Weg zu gehen: Du kannst Werte, die du gut findest, übernehmen, und Werte, die du schlecht findest, ablehnen. Du hast dann selbst die Wahl und kannst aktiv entscheiden!

Natürlich bist du damit nicht irgendwann einfach fertig. Du veränderst dich, wenn du erwachsen wirst, und auch im Erwachsenenalter entwickelst du dich noch weiter. Deshalb ist auch dein Selbstbewusstsein nicht etwas, das du einmal bekommst und dann für immer hast. Selbstbewusstsein zu haben, dir deiner selbst bewusst sein, ist ein ständiger Prozess. Du entwickelst dich im Laufe deines Lebens ständig weiter – äußerlich wie innerlich. Und so betrachtest du dich auch immer wieder selbst und bemerkst heute vielleicht etwas an dir, das du gestern noch nicht gesehen hast. Das ist auch etwas Schönes: Du darfst dich selbst immer wieder betrachten und etwas Neues an dir entdecken, was früher noch nicht da war – oder eben auch schon vorher da war, dir aber noch nie aufgefallen ist.

Dein Selbstbewusstsein = deine Entscheidung

Nach dem Philosophen Immanuel Kant entsteht dein Selbstbewusstsein dadurch, dass du dich selbst beobachtest und reflektierst. Hier lernen wir noch etwas über dein Selbstbewusstsein: Es geht nicht nur darum, dich selbst zu betrachten, sondern auch, über dich selbst nachzudenken und dich auch mal ehrlich zu hinterfragen. Versuche, dich besser zu verstehen, also dir darüber bewusst zu werden, wie du denkst, fühlst und handelst. Du lernst dich dabei besser kennen und verstehst, wieso dir einiges schwerer fällt und anderes wiederum leichter – also deine Stärken und Schwächen.

Außerdem begreifst du so, was du durch deine Erziehung und Erfahrungen, die du gemacht hast, über dich selbst und die Welt glaubst. Hast du beispielsweise zweimal hintereinander eine Eins in Mathe geschrieben, bist du wahrscheinlich der Meinung, dass du sehr gut in Mathe bist. Hast du jedoch zweimal eine Fünf geschrieben, bist du eher der Meinung, dass du schlecht in Mathe bist. Das, was du glaubst und wovon du überzeugt bist, ist wie eine Brille, durch die du dich und die Welt siehst. Und du versuchst ganz automatisch, deinem Selbstbild zu entsprechen – also beim nächsten Mal wieder eine Eins zu schreiben oder eben davon auszugehen, dass du wieder eine Fünf schreiben wirst.

Deine Wurzeln – deine Geschichte

Und hier steckt das riesige Potenzial beim Thema Selbstbewusstsein:

HAST DU EINE GUTE MEINUNG VON DIR SELBST, WIRST DU IMMER VERSUCHEN, DIESER MEINUNG ZU ENTSPRECHEN.

Denkst du aber schlecht über dich selbst, kannst du dich damit herunterziehen – und das ganz unbewusst! Wenn du dir über deine Meinung über dich und die Welt klar wirst, kannst du diese Meinung anpassen. Dann bist du ihr nicht mehr ausgeliefert, sondern es ist deine Entscheidung, welchem Selbstbild du entsprechen möchtest! Diese Selbstwahrnehmung ist ein ständiger Prozess, der dir dabei hilft, dir bewusst über dich selbst zu werden – mit deiner Geschichte und deinen Wurzeln. Das kannst du immer wieder zwischendurch tun, zum Beispiel, indem du bewusst Tagebuch dazu führst oder dich mit dir vertrauten Menschen dazu austauschst.

Wichtig für ein gutes Selbstbewusstsein ist das gesunde Maß. Nur so entsteht ein echtes, gesundes Selbstbewusstsein.

Was ich damit meine, ist Folgendes: Du solltest ehrlich zu dir selbst sein, wenn du dich hinterfragst, und dich dabei nicht fertig machen (denke an das Freundschafts-Beispiel von oben). Denn es gibt den zu kritischen, ungesunden Blick auf dich selbst. Dem gegenüber steht der zu unkritische Blick auf dich selbst: der Blick, der dir alles verzeiht und dich immer nur im besten Licht darstellt, bei dem du für dich selbst aber auch blind werden kannst. Es gibt also zwei Extreme. Versuche, dich in der Mitte zu bewegen. Du solltest dir auf der einen Seite deiner Schwächen bewusst sein und sie kennen – das macht dich auch gegenüber Kritik von außen gelassener. Denn Selbstliebe bedeutet auch, ehrlich zu dir selbst zu sein. Wenn du ehrlich zu dir selbst bist, erkennst du, wann und in welchen Bereichen du an dir selbst arbeiten musst. Du solltest dir auf der anderen Seite aber auch deiner Stärken klar bewusst sein, sie nutzen und ausbauen. Und denk daran, dass du zwar nicht perfekt bist (denn das ist niemand), du hast aber immer die Möglichkeit, besser zu werden und dich zu verändern. Die Fragen, Schritte und Ziele auf der nächsten Seite helfen dir dabei.

NACHDENKENSWERT

→ Was sind meine **Stärken**? Worin bin ich gut? Wofür haben andere mich schon öfter gelobt?

→ Was sind meine **Schwächen**? Was kann ich nicht so gut? Weshalb bin ich mit anderen schon einmal aneinandergeraten?

→ Sind meine Eltern oder die Menschen, die mich aufgezogen haben, **selbstbewusst**? Würden sie mich als selbstbewusst beschreiben, wenn ich sie fragen würde? Wieso, wieso vielleicht auch nicht?

→ Welche **Werte und Ansichten** habe ich von meinen Eltern mitbekommen? Welche finde ich gut und möchte ich beibehalten? Welche finde ich schlecht und möchte ich ablegen?

UMSETZENSWERT

→ Nimm dir etwas zu schreiben, ein wenig Ruhe und Zeit und die wertvollen Fragen und notiere deine **persönlichen Antworten** darauf.

→ Frage drei Menschen, die dir nahestehen – z. B. deine Eltern, Freund:innen oder Bekannte aus deinem Verein, Arbeitskolleg:innen, Kommiliton:innen – nach deinen Stärken, Schwächen, Werten und Ansichten. Mache dir auch hierzu Notizen und **vergleiche** die Antworten mit deinen.

ERREICHENSWERT

→ Lerne **deine drei größten Stärken** so gut auswendig, dass du sie in jeder Situation direkt parat hast – dich jemand also mitten in der Nacht aufwecken, danach fragen und du sie sofort nennen könntest. Dies hilft dir gerade in Stresssituationen wie beispielsweise Bewerbungsgesprächen weiter.

→ Erkenne deine drei größten Schwächen. Überlege dir, wie du lernst, gut mit ihnen umzugehen. Gibt es beispielsweise eine Person, die dir dabei helfen kann? Die die gleiche Schwäche hat, damit aber wunderbar umgeht und von der du hier etwas lernen kannst? **Übe, im Alltag offen mit deinen Schwächen umzugehen.**

Viele Ideen in diesem Kapitel stammen aus:
Bettina Stackelberg, „Selbstbewusstsein. Das Trainingsbuch", C. H. Beck 2010.

Liebe Dich Selbst

– Mit deiner ganzen Einzigartigkeit!

FÜR UNTERWEGS

DOMINIC KRÄTZ

ist Gründer von Isabella Glutenfreie Pâtisserie, Foodlover, Yoga-Junkie und Selbst-Entwickler.

Mindset

WIE DEINE INNERE EINSTELLUNG DEINE LIMITS UND ERFOLGE BESTIMMT

Ohnmacht ist ein ganz beschissenes Gefühl. Stell dir vor, du bist auf dem Weg zum Gipfel und rutschst plötzlich ab, fällst in eine Felsspalte und steckst fest. Keine Chance, du kannst dich nicht selbst befreien. Wenn dich niemand findet, geht es sogar um Leben und Tod. Vermutlich hast du das so noch nicht erlebt. Aber vielleicht kennst du Situationen, in denen du dich ähnlich ohnmächtig fühlst. Das ist ein gefährliches und toxisches Gefühl. Aber ich bin überzeugt: Das muss nicht sein! Wenn man es wirklich möchte, kann man sein Leben in jeder Lage selbst in die Hand nehmen. Wie, möchte ich dir in diesem Kapitel erklären.

Trotzdem!

Hast du schon mal von Viktor Frankl gehört? Er war Psychologe und lebte in den 40er Jahren mit seiner Familie in Österreich. Er führte eine sehr erfolgreiche Praxis, war glücklich verheiratet, hatte eine tolle und kerngesunde Familie und dann kamen die Nazis. Die ganze Familie wurde in Konzentrationslager gesteckt. Sie wurden zu fünft deportiert und er hat diese grauenvolle Zeit als Einziger überlebt. Danach hat er ein wirklich inspirierendes Buch geschrieben:

„... TROTZDEM JA ZUM LEBEN SAGEN".

Ich empfehle dir sehr, dieses Buch zu lesen. Ich glaube, niemand von uns kann sich vorstellen, was es heißt, live mitzuerleben, zu welchen Grausamkeiten Menschen fähig sind. Er hat Menschen gesehen, die erschossen wurden. Menschen, die verhungerten. Menschen, denen alles genommen wurde, die nichts mehr hatten. Nicht mal mehr ihre Würde, die mit Füßen getreten wurde. Und trotzdem sagte er: „Es gibt etwas, was ihr mir nicht nehmen könnt: meine Freiheit zu wählen, wie ich auf das, was ihr mir antut, reagiere."

> **WIR KÖNNEN VIELES IM LEBEN NICHT BESTIMMEN, ABER EINE FREIE ENTSCHEIDUNG HABEN WIR IMMER – NÄMLICH DIE, WELCHE HALTUNG WIR UNSEREM SCHICKSAL GEGENÜBER EINNEHMEN.**

Hör deinem Quatschi zu

Ich bin kein mega Psychologie-Freak, aber es gibt noch einen weiteren Psychologen, den ich dir vorstellen möchte. Diese beiden Menschen hatten wirklich großen Einfluss auf das, was ich in meinen 34 Jahren bisher erreicht habe. Dieser zweite Psychologe heißt Jens Corssen. Er ist ein Coach, mittlerweile Mitte 70, und hat schon wahnsinnig viele Führungspersönlichkeiten begleitet. Er bestätigt genau das, was auch Frankl sagte. Er beschreibt, dass es da in unserem Kopf diese Stimme gibt, die direkt morgens schon sagt: „Ich hab überhaupt keinen Bock aufzustehen." Kennst du das? „Aufstehen nervt! Und dann ist da dieser Kollege, der Idiot neben mir, mit dem muss ich heute wieder den halben Tag verbringen ... Darauf hab ich echt keine Lust!"

Jens Corssen personifiziert diese Stimme in unserem Kopf. Er nennt sie den *Quatschi*. Dieser Quatschi spricht jeden Tag mehrmals zu uns. Er sagt: „Du schaffst das nicht, du

Der Quatschi

kannst das nicht, du bist das nicht wert." Das ist der Quatschi. Indem wir unsere innere Stimme als Quatschi personifizieren, gewinnen wir Abstand zu ihr und können somit Zeuge unserer eigenen Meckereien werden. Dieser Ansatz ist eines der mächtigsten Tools für ein selbstbestimmtes Leben, da es uns immer in die Lage versetzt, Verantwortung für unser eigenes Denken zu übernehmen.

In den letzten fünf Jahren habe ich mir Folgendes antrainiert: Ich nehme mir jeden Morgen, bevor mein Tag losgeht, fünf Minuten Zeit, um mit Quatschi zu reden. Ich empfehle euch, das auch mal auszuprobieren! Ich stehe also auf, starte die Aufnahmefunktion auf meinem Handy und fange an, mich zu beschweren. Ich klage einfach mal so richtig los. Ich lasse alles raus, was mich ankotzt. Worauf hab ich keinen Bock mehr? Was nervt mich?! Am nächsten Tag höre ich mir das alles noch mal an. Und weißt du, was dann passiert? Mit einem Tag Abstand finde ich das meiste völlig lächerlich. Aber es hilft, dem Klagen und Jammern einen festen Raum zu geben. Es nicht einfach geschehen und ausufern zu lassen.

Übrigens: Den Rest des Tages hat mein Quatschi keine Sprechstunde mehr. Er hat wirklich nur morgens die fünf Minuten. Wenn er dann wiederkommt, weil mich wieder irgendwas tierisch nervt, dann sag ich: „Mein lieber Freund, morgen früh wieder. Morgen früh haben du und ich wieder unser Date und dann sagst du mir alles, was dich nervt. Aber den Rest des Tages bitte nicht mehr."

Wie möchte ich es eigentlich haben?

Lass dir von dir selbst nicht alles gefallen!

Wenn du ein erfolgreiches und zufriedenes Leben führen möchtest, musst du Verantwortung für dich, dein Leben, deine Handlungen und dein Denken übernehmen. Viktor Frankl hat das so auf den Punkt gebracht: „Zwischen Reiz und Reaktion liegt ein Raum. In diesem Raum liegt die Macht unserer Wahl. In unserer Reaktion liegen unsere Entwicklung und unsere Freiheit." Wir können uns immer entscheiden, wie wir reagieren. Niemand zwingt uns, etwas gut zu finden. Und genauso zwingt uns auch niemand, etwas schlecht zu finden! Das ist eigentlich die beste Nachricht überhaupt. Das heißt nämlich: Es gibt keine schlechte Laune, der du hilflos ausgeliefert wärst.

WENN DU SCHLECHT GELAUNT BIST, DANN DESHALB, WEIL DU SELBST DICH GANZ BEWUSST DAFÜR ENTSCHEIDEST.

Niemand anders als DU!

Ich habe gerade von dem Quatschi erzählt, für den ich mir jeden Morgen fünf Minuten Zeit nehme. Ich höre ihm zu – aber ich muss nicht das tun, was er mir sagt. Wir müssen uns von uns selbst nicht alles gefallen lassen. Als Menschen haben wir die Möglichkeit, uns von unseren Gefühlen und Impulsen zu distanzieren. Das ist großartig. Das können Tiere nämlich nicht. Unser kleiner Hund checkt das nicht. Wenn er einen Ball sieht, rennt er ihm hinterher. Wir können Entscheidungen eigenständig treffen und müssen uns nicht von unseren Gefühlen bestimmen lassen. Das ist eine herausragende Fähigkeit von uns Menschen und wir sollten sie nutzen! Wenn wir nicht in der Lage sind, eine Situation zu ändern, dann müssen wir uns eben selbst ändern.

Hör auf zu jammern!

Das hört sich jetzt zunächst mal super easy an, aber wir alle wissen: Es gibt Situationen, die sind schwierig. Das Leben als solches ist nicht einfach. Hört sich an wie ein Stammtischspruch, aber so ist es ja tatsächlich. Trotzdem möchte ich noch mal betonen: Wir haben immer die Möglichkeit, uns zu ändern und zu überlegen: Wie möchte ich es denn eigentlich haben? Sicher hast du auch schon sehr oft Sprüche gehört wie: „Immer passiert mir sowas! Nur mir!! Den anderen gar nicht!", oder: „Warum ist das Leben denn eigentlich so wahnsinnig ungerecht zu mir? Das ist es zu den anderen nicht, nur zu mir, das ist so unfair." Das ist — und das kann ich gar nicht genug betonen — die kindischste Haltung dem Leben gegenüber, die man überhaupt haben kann. So spricht ein Kind. Wir aber sind mündige Erwachsene! Das ist Jammern. Und Jammern ist eine Einstellung. Jammern ist keine Emotion. Trauer ist eine Emotion. Wenn jemand stirbt, dann sind wir traurig, und das ist auch richtig so. Aber Jammern ist eine ganz bewusste Entscheidung.

Wenn du deine Reaktion auf eine Situation ändern möchtest, musst du dich zuerst selbst reflektieren. Dazu musst du deine eigenen Erwartungen und Eigenschaften kennen. Ich empfehle dir, die fünf Fragen am Ende dieses Kapitels schriftlich zu beantworten. Sei ehrlich — niemand wird so ehrlich zu dir sein wie du selbst. Aber höre auf zu vergleichen und zu urteilen! Vergleichen und Urteilen sind aus meiner Sicht die beiden größten Ursachen für Leid und Jammerei.

Du entscheidest!

Raus aus der Opferhaltung!

Ich habe eben schon den Ansatz von Jens Corssen angesprochen und darauf möchte ich noch mal zurückkommen. Er sagt: „Wer für das Leben ist, lebt in gehobener Gestimmtheit. Was ist, ist." Das Leben ist, wie es ist! Wir können es nicht ändern.

Mit dieser „gehobenen Gestimmtheit" ist nicht einfach gute Laune gemeint. Nicht Schönreden oder einfach schlichte Affirmationen, die uns eine Wahrheit vorgaukeln, von der wir genau wissen, dass sie nicht stimmt. Es gibt ja Leute, die an Affirmation glauben. Tut mir leid, aber das halte ich für völligen Schwachsinn. Wenn du nur Pommes isst, dann lebst du kein gesundes Leben, egal, wie oft du dir das einredest. Affirmationen müssen mit deinem tatsächlichen Handeln übereinstimmen, sonst bringen sie nichts. Das Gehirn verändert sich nur durch emotionales Erleben.

Die gehobene Gestimmtheit im Sinne von Corssen meint eine sportliche, positive Grundhaltung dem Leben gegenüber. Wir akzeptieren die gesamten Optionen, die uns dieses Leben bietet. Wir bejahen sie. Weil das Leben nun mal so ist. Auch wenn ich nicht der größte Goethe-Fan bin, finde ich diesen Satz von ihm so wahnsinnig schön: „Und so lang du das nicht hast, Dieses: Stirb und werde! Bist du nur ein trüber Gast auf der dunklen Erde". Darin steckt so viel Wahrheit! Wir müssen nur eines, nämlich sterben. Alles andere müssen wir nicht. Und dieser Gedanke schafft eine wahnsinnige Freiheit und erlaubt uns, raus aus der Opferhaltung und rein in die Selbstbestimmtheit zu kommen.

Akzeptiere, was ist. Diese bejahende Haltung schafft eine absolute Selbstwirksamkeit. Sie führt dazu, dass wir zu hundert Prozent für unser Leben verantwortlich sind. Niemand außer uns.

DAS IST EIGENTLICH DIE BESTE NACHRICHT DIESES KAPITELS:

WIR ENTSCHEIDEN! NIEMAND ANDERES.

Das bedeutet, dass wir die Möglichkeit haben, uns zu entwickeln. Jede einzelne schwierige Situation, die wir erleben, ist unser Coach. Jede Herausforderung führt dazu, dass wir neue Eigenschaften entwickeln, als Persönlichkeit reifen und mit dem Leben wachsen. Aber damit das passieren kann, musst du dich in neue Situationen hineinbegeben. Nur in solchen Situationen entstehen die Möglichkeiten zum Wachstum.

Vielleicht bewirbst du dich und scheiterst im Bewerbungsgespräch. Schade, aber das gehört dazu. Du hast dich entschieden, am Leben zu wachsen, sonst würdest du das Bewerbungsgespräch nicht wahrnehmen. Wenn du zehn Bewerbungsgespräche geführt hast, wird das zehnte hundert Mal besser sein als das erste, weil du lernst. Scheitern tut weh, aber das ist deine Trainingseinheit. Diese Erkenntnis ist ein Schlüssel, weil sie dir erlaubt, proaktiv am Leben teilzunehmen. Angst kann man nur verlernen, wenn man sich in Angstsituationen hineinbegibt.

Sag Ja zur Ungewissheit

Angst ist das Tor zu mehr. Das Leben ist ungewiss. Ich weiß nicht, was morgen passiert. Auch nicht, was übermorgen passiert. Aber ich habe mich entschieden, aktiv an diesem Leben teilzunehmen. Das heißt, dass ich immer wieder in Situationen komme, die ich mir anders vorgestellt habe. Ich habe eine Erwartung an meine Partnerschaft, an mein Unternehmen, daran, wie sich die Ziele entwickeln, die ich mir gesteckt habe. Manche Situationen sind günstig für meine Zielsetzung. Die feiere ich dann.

Es gibt auch hunderttausend Situationen, die sowas von beschissen und völlig ungünstig für meine Ziele sind. Aber so ist es. Sie sind. Ja, auch Schicksalsschläge gehören dazu.

Akzeptiere, was ist!

Entscheidend ist immer unsere eigene Einstellung. Wir entscheiden, wie wir reagieren. Niemand anderes.

LERNE, DEINE ANGST ZU ÜBERWINDEN UND EIGENVERANTWORTUNG ZU ÜBERNEHMEN.

Fang an, dich in der Ungewissheit des Lebens geborgen zu fühlen. Genau das ist nämlich das Leben: ein ewiges Auf und Ab. Alles fließt. Das ist übrigens keine neue Erkenntnis, sondern das hat schon der antike Philosoph Heraklit gesagt. Erst wenn wir die Ungewissheit des Lebens akzeptieren, gelingt es uns, über unseren Erfolg und auch unsere Zufriedenheit zu bestimmen.

Was bringt die positive Gestimmtheit?

Warum ist es so wichtig, eine positive Grundhaltung dem Leben gegenüber zu haben?

1. Ich kann leichter loslassen von meiner Rechthaberei, weil ich anerkenne, dass jeder in seinem Denk- und Angstsystem Recht hat. Jeder empfindet und bewertet anders. Das zu wissen, macht mich empathischer.

2. Ich bin innovativer und mutiger, weil ich akzeptiere, dass das Leben ein stetiges Fließen ist.

3. Ich kann auch leichter wieder aufstehen und Niederlagen akzeptieren, weil ich weiß, dass alles im Fluss ist. Es gibt nicht nur Siege, sondern auch Niederlagen.

4. Ich lebe generell gesünder. Wer den ganzen Tag nur klagt und rumjammert, dessen Körper wird auch nicht gesund sein. Die innere Haltung hat immer auch etwas mit der körperlichen Haltung zu tun. Geh mal mit breiter Brust raus und sag: „Mir geht es richtig dreckig. Ich bin ein Idiot." Das fühlt sich richtig falsch an. Aber wenn du dich zusammensacken lässt, dich klein machst, und dann sagst, dass das Leben so ungerecht ist, dann hört sich das gleich schon viel besser an, weil die Haltung auch dazu passt. Was du denkst und sprichst, das verkörperst du auch.

Wie erreiche ich die gehobene Gestimmtheit?

Der wichtigste Punkt dafür ist aus meiner Sicht Dankbarkeit. Manche sagen, sie hätten überhaupt nichts, wofür sie dankbar sein könnten. Aber das stimmt nicht. Wenn du genau nachdenkst, findet jeder Mensch etwas, wofür er dankbar sein kann. Jeder! Vielleicht ist es nicht fair, dass du nicht Ferrari fährst. Aber du hast ein Auto oder zumindest ein Fahrrad, wofür du dankbar sein kannst. Vielleicht ist deine Beziehung in die Brüche gegangen, aber du hast dieses Buch und viele weitere Ressourcen, um herauszufinden, wie es beim nächsten Mal besser laufen kann. Entscheidend ist deine Wahrnehmung. Es ist deine Entscheidung, ob du dankbar bist oder nicht.

Dankbarkeit führt übrigens auch zu mehr Freundlichkeit. Ist dir das schon mal aufgefallen? Denk mal an was richtig Schönes, zum Beispiel an deinen letzten Urlaub. Mach mal die Augen zu und stell dir vor, du bist am Meer. Riechst du das? Das Salz? Wunderbar, wie die Sonne scheint. Ein herrlicher Tag mit deinen Liebsten. Wow, das durftest du erleben! Ist das nicht ein schönes Gefühl? Dankbarkeit wärmt von innen und führt dazu, dass wir diese Wärme weitergeben.

Stell dir vor, du bist am Meer

Raus aus der Komfortzone!

Zum Schluss möchte ich noch zum Thema Selbstüberwindung kommen. Das betrifft auch mich in meinem Alltag immer wieder sehr stark. Warum nehmen so viele Leute ihr Schicksal nicht selbst in die Hand? Ganz einfach, weil der Mensch ein Schnäppchenjäger ist! Und zwar nicht nur im Shopping-Sinne, sondern auch in seinem Verhalten. Es ist einfach irre bequem, bemitleidet zu werden und zu jammern. Und unser Gehirn ist auf die Vermeidung von Unlust aus. Das heißt, wir wägen ab, was der Weg des geringsten Widerstandes ist.

Deshalb gilt: Wo ich jetzt bin, da will ich sein, weil alle anderen Optionen in meiner Vorstellung noch schlimmer waren.

EGAL, WO ICH STEHE, ICH HABE MICH DAFÜR ENTSCHIEDEN.

Wir sind doch mündig! Wenn du in ein Flugzeug steigst, dann nimmst du bewusst in Kauf, dass dieses Flugzeug abstürzen kann. Wenn du dich ins Auto setzt, kannst du in einen Stau geraten. Du weißt doch, dass es Staus gibt. Also jammere nicht darüber. Wenn du das nicht riskieren möchtest, dann fahr eben nicht mit dem Auto. Bleib zu Hause. Oder wenn mir eine:r von unseren Mitarbeiter:innen sagt: „Ich hatte heute morgen überhaupt keine Lust aufzustehen", dann antworte ich: „Dann lass es doch!" Es zwingt dich niemand zu arbeiten. Wir leben in Deutschland, einem echt großartigen Land! Du musst hier nicht arbeiten. Wenn du nicht arbeitest, wirst du eben Hartz-4-Empfänger:in mit allen Konsequenzen, die das mit sich bringt, aber das ist deine Entscheidung. Und genauso bringt es auch Konsequenzen mit sich, wenn du Sachbearbeiter:in in einem Unternehmen bist und jetzt Abteilungsleiter:in werden möchtest – du musst neue Fähigkeiten erlernen.

Wachstum heißt: Ich stelle mich der Situation, in der ich mich eigentlich unkomfortabel fühle. Zugegeben, das ist wahnsinnig unbequem. Vielleicht musst du dich einer neuen Situation, neuen Leuten oder neuen Herausforderungen stellen. Wer sein Leben gestalten möchte, muss diese innere Unlust überwinden. Wenn du besonders schüchtern bist, dann empfehle ich dir, samstags in die Innenstadt zu gehen und einfach mal vier Stunden lang zu gackern. Ja, richtig verstanden, du gackerst. Die ersten anderthalb Stunden wird dich jede:r angucken und denken: Was für ein:e Vollidiot:in. Vielleicht wirst du auch vom Ordnungsamt angehalten und gefragt, ob du einen an der Waffel hast. Aber nach Stunde Vier wirst du in dir selbst ruhen und sagen: Geil, mir ist völlig egal, was die Leute denken. Überwinde dich selbst. Setze dir neue Ziele und erweitere deine Grenzen. Wenn du wachsen möchtest, musst du raus aus der Komfortzone. Vorher findet kein Wachstum statt. Auch das ist nicht schlimm – dann entscheidest du dich eben dafür, dort zu bleiben, wo du bist. Es ist deine Entscheidung. Aber dann beschwer dich nicht. Dann ist das so. Wer mehr von etwas haben will, muss durch die Unlust.

GLÜCK IST EINE PRÄMIE FÜR SELBSTÜBERWINDUNG.

Ich fasse noch einmal zusammen, wie du von Ohnmacht zu Eigenmacht kommst:

- Sei mutig!
- Klage nicht!
- Schreie: „Das gehört dazu, das ist das Leben!"
- Erkenne an: Jede Situation ist eine Trainingseinheit!

Viel Freude beim Training :)

ERREICHENSWERT

➡ **Werde Boss deiner Gedanken.** Überlege und schreibe auf:
- Was stört mich?
- Was freut mich?
- Wie sollte jemand sein?
- Wer will ich sein?
- Warum bin ich nicht so, wie ich sein will?

NACHDENKENSWERT

- Wofür bin ich dankbar?
- Was habe ich heute schon geschafft?
- Was kann ich gut?
- Was habe ich?
- Was war schön?

➡ **Orientiere dich** nicht an dem, was sein sollte, sondern **an dem, was ist!**

ERWÄHNENSWERT

➡ **Viktor Frankl**, „… trotzdem Ja zum Leben sagen. Ein Psychologe erlebt das Konzentrationslager", Kösel 2009.

➡ Den Vortrag von **Jens Corssen** zum Thema „Du musst deine Haltung ändern" findest du hier:

Fühle Dich
IN DER UNGEWISSHEIT
DES LEBENS
GEBORGEN.

FÜR UNTERWEGS

ALEXANDER RATHS

ist Projektmanager bei der Auridis Stiftung, liebt inspirierende Bücher und begeistert sich für Stoizismus.

Glück

WIE DU ES SCHAFFST, ALS GLÜCKSPILZ UNTERWEGS ZU SEIN

Als Kind habe ich Walt Disneys Lustige Taschenbücher geliebt. Besonders begeistert haben mich die Abenteuer rund um Donald Duck und seine Familie. Gustav Gans, Cousin von Donald und ein ausgesprochener Glückspilz, fasziniert mich bis heute. Alles, was er sich vornimmt, gelingt ihm mit Leichtigkeit, der Zufall meint es immer gut mit ihm und er ist zufrieden mit dem Lauf seines Lebens.

Von Gustav Gans inspiriert habe ich mich seither mit der Frage beschäftigt, was Menschen, die viel Glück haben, von Menschen unterscheidet, die eher vom Pech verfolgt sind. Mir wurde dabei klar: Glück zu haben hängt viel weniger vom Zufall ab, als wir intuitiv glauben.

ES GIBT KONKRETE UND VON JEDEM MENSCHEN UMSETZBARE SCHRITTE, UM MEHR GLÜCK IN DAS EIGENE LEBEN ZU HOLEN.

Was ist Glück eigentlich?

Was meine ich mit *Glück* überhaupt? In der deutschen Sprache nutzen wir das Wort *Glück* in zwei verschiedenen Zusammenhängen: als *glücklich sein* und als *Glück haben*. *Glücklich sein* beschreibt einen Zustand der Zufriedenheit, des inneren Friedens und oft auch der Sorglosigkeit. Das Gegenteil von *glücklich sein* ist *unglücklich sein*, aber auch niedergeschlagen oder unzufrieden sein.

Mit *Glück haben* beschreiben wir eine zufällig positive Entwicklung in einer konkreten

Situation, meistens unerwartet, unwahrscheinlich oder nicht beeinflussbar. Beispiele dafür sind: Du ziehst den Hauptgewinn bei einer Verlosung. Du hast deine Vokabeln für Latein nicht gelernt und der Lehrer fragt deine Banknachbarin und nicht dich ab. Du findest Geld auf der Straße oder die Ampel schaltet genau im richtigen Moment auf Grün.

Das Gegenteil von *Glück haben* ist *Pech haben:* Der Zufall meint es schlecht mit dir. Den Hauptgewinn zieht genau die Loskäuferin vor dir. Der Lehrer schreibt einen unangekündigten Vokabeltest genau an dem Tag, an dem du ausnahmsweise nicht gelernt hast. Du verlierst Geld aus der Jackentasche oder die Ampel schaltet genau vor dir auf Rot, ausgerechnet, wenn du es besonders eilig hast.

Beide Aspekte von *Glück* sind eng miteinander verbunden und tragen dazu bei, dass wir unser Leben als erfüllt betrachten. Menschen, die in der eigenen Wahrnehmung oft Glück haben, gehen wie Gustav Gans leichter und entspannter durchs Leben und sind dadurch auch oft glücklicher. Gleichzeitig scheinen glückliche Menschen auch häufiger Glück zu haben, ja, das Glück förmlich anzuziehen. Das Glück in seinen beiden Ausprägungen ist ein sich selbst verstärkender Kreislauf.

Glücks-Kreislauf

Auf den nächsten Seiten geht es um *Glück haben*. Ich möchte dir drei Leitideen und konkrete Übungen vorstellen, die dir helfen können, mehr Glück in dein Leben zu holen.

Werde bewusst zum Glückspilz

Jeder Mensch kann ein Glückspilz werden, auch du! Das Geheimnis ist unser Selbstbild. Es klingt eigentlich ganz leicht:

WENN ICH GLAUBE, EIN GLÜCKSPILZ ZU SEIN, WERDE ICH VIEL MEHR GLÜCKSMOMENTE IM ALLTAG ERLEBEN.

Halte ich mich hingegen für einen Pechvogel, dann werde ich auch viele Situationen erleben, in denen ich gefühlt Pech habe.

Der Grund dafür liegt in der Funktionsweise unseres Gehirns. In jedem Moment kommen über unsere Sinne unzählige Informationen im Gehirn an. Viel zu viele, um alle gleichzeitig verarbeiten zu können. Unser Gehirn ist also gezwungen, einen großen Teil dieser Informationen zu ignorieren. Dabei werden besonders jene Informationen ins Bewusstsein gelassen, denen wir besondere Bedeutung zumessen und die unseren Überzeugungen und unserem Weltbild entsprechen. Wer also tief und fest davon überzeugt ist, ein Pechvogel zu sein und in einer Welt zu leben, in der alles schiefläuft, wird von seinem Gehirn täglich unzählige Bestätigungen dafür erhalten. Jene Situationen, die die Chance bieten, Glück zu haben, werden von so einem Gehirn einfach ausgeblendet.

Wie siehst du dich selber?

Welche Leistungen unser Gehirn dabei vollbringt, hat der Glücksforscher Prof. Richard Wiseman in einem Experiment gezeigt: Über Zeitungsanzeigen wurden jeweils Glückspilze und Pechvögel für ein Interview gesucht. Es haben sich eine Reihe Menschen gemeldet, die sich mit ihrem Selbstbild einer der beiden Gruppen zugehörig gefühlt haben. Diese Menschen wurden zu einem persönlichen Gespräch in ein Büro eingeladen. Als Teil des Experiments hatte der Wissenschaftler im Flur vor dem Büro einen Geldschein auf den Boden gelegt, um zu beobachten, wie viele Glückspilze und wie viele Pechvögel den Geldschein finden würden. Das Ergebnis ist verblüffend: Fast alle Teilnehmer:innen mit dem Selbstbild „Glückspilz" haben den Geldschein gefunden. Ihr Gehirn hat den Geldschein wahrgenommen und unterbewusst entschieden, dass Geld zu finden sehr gut zu einem Glückspilz passt. Ganz anders das Ergebnis bei den Pechvögeln. Kein:e Einzige:r hat den Geldschein gefunden. Auch hier hat das Gehirn ganze Arbeit darin geleistet, das eigene Selbstbild zu bestätigen – ein echter Pechvogel findet einfach kein Geld.

Ein ähnliches Experiment kannst du mit deinen Freund:innen machen. Bitte dein Gegenüber, sich alle *roten* Gegenstände in einem Raum gut einzuprägen und danach die Augen zu schließen. Bitte deine Testperson nun, alle Gegenstände zu nennen, die *blau* sind. Das wird ihr sehr schwerfallen, weil das Gehirn so damit beschäftigt war, sich auf die roten Dinge zu konzentrieren, dass es die blauen Gegenstände nicht wahrgenommen hat. Gibst du deinem Gehirn die Aufgabe, sich auf die Momente des Pechs zu konzentrieren, lässt du ihm keine Kraft übrig, um die Momente wahrzunehmen, in denen du Glück hast.

Wie du den Glückskreislauf in Gang setzt

Jetzt weißt du, wie wichtig es ist, dich selbst als Glückspilz zu sehen. Aber wenn du dich bisher eher als Pechvogel siehst, musst du keine Sorge haben. Das eigene Selbstbild lässt sich zum Glück mit ein bisschen Übung verändern. Es reicht schon, wenn du dir regelmäßig, z. B. am Anfang fünf Minuten pro Abend, ganz bewusst klarmachst und aufschreibst, wie viel Glück du bereits hast. Damit gibst du deinem Gehirn den direkten Auftrag, sehr aufmerksam durch den Tag zu gehen und Momente zu sammeln, in denen du Glück hast.

Das Großartige ist: Je mehr dieser Momente du jeden Tag aufschreibst, desto mehr reift dein Selbstbild, ein Glückspilz zu sein. Je klarer dir wird, wie viel Glück du schon hast, desto mehr Momente des Glückhabens wirst du finden. Und schon hast du einen positiven Kreislauf in Gang gesetzt.

Ganz konkret schlage ich dir folgende Übung vor: Nimm dir für zwei Wochen jeden Abend fünf Minuten Zeit und beantworte folgende zwei Fragen schriftlich:

Finde Glück!

- Wo habe ich in meinem bisherigen Leben so richtig Glück gehabt?
- Wo habe ich heute so richtig Glück gehabt?

Nutze bitte die volle Zeit und fordere dich heraus, möglichst viele Momente des Glückhabens zu finden. Wenn dir nichts mehr einfällt, dann frage dich: Wo noch habe ich heute oder generell in meinem Leben so richtig Glück gehabt? Und wo noch? Bei der ersten Frage darfst du richtig groß denken. Mach dir voll und ganz klar, was für ein unglaublicher Glückspilz du bist. Wenn ich daran denke, warum DU ein Glückspilz bist, fallen mir z. B. folgende Dinge ein:

- Es ist ein unglaubliches Glück, dass sich ausgerechnet deine Eltern kennengelernt haben. Es würde dich sonst nicht geben.
- Von Millionen Spermazellen hat es bei deiner Zeugung nur eine einzige ans Ziel geschafft: Das warst du! Du Glückspilz hast das Rennen gegen Millionen andere gewonnen.
- Du lebst in einem der reichsten Länder der Welt, in der friedlichsten und wohlhabendsten Zeit der Geschichte. Auf der ganzen Welt beneiden dich Milliarden Menschen um dieses Glück.
- Dass du gerade dieses Buch liest, bedeutet, dass du zum einen lesen kannst und zum anderen eine ganze Reihe Menschen ihre besten Ideen und wichtigsten Erfahrungen für dich aufgeschrieben haben, um dir einen Wegweiser für ein gutes, gelingendes Leben mitzugeben. Beides ist keine Selbstverständlichkeit und für dich ein großes Glück.

Du siehst, du bist ein echter Glückspilz! Erlaube dir selbst jeden Abend, dieses wunderbare Gefühl voll und ganz zu spüren und ihm jeden Tag mehr Kraft zu geben. Wenn du diese Übung für zwei Wochen jeden Abend nur fünf Minuten durchführst, wirst du selbstverständlich und leicht mehr und mehr Glück im Alltag erleben.

In drei Schritten zum Glück

Um noch mehr Glück in dein Leben zu holen, lohnt es sich, dass wir die Voraussetzung für Glück etwas genauer unter die Lupe nehmen. Wie wir weiter oben schon gesehen haben, verbinden wir mit *Glück haben* einen positiven Zufall. Diese alltägliche Beschreibung von Glück ist aber nicht vollständig und nur wenig hilfreich, wenn man das Glück aktiv steigern möchte. Treffender finde ich folgende Definition:

GLÜCK IST, WENN DER ZUFALL AUF VORBEREITUNG TRIFFT.

Das Glück besteht laut dieser Definition aus zwei Komponenten: dem Zufall und der Vorbereitung. Beide Komponenten kannst du aktiv beeinflussen und damit die

Wahrscheinlichkeit für Glück deutlich erhöhen. Wie dir das konkret gelingen kann, zeige ich dir in den nächsten beiden Abschnitten.

Durch eine gute Vorbereitung kannst du die Wahrscheinlichkeit für Glück deutlich erhöhen. Klar, sich auf etwas vorzubereiten ist aufwendig und man kann sich auch nicht auf alle denkbaren Umstände vorbereiten. Deshalb rate ich dir, zu überlegen, in welchen Lebensbereichen es sich für dich besonders lohnt, Glück zu haben. Das ist für jeden Menschen unterschiedlich. Lebensbereiche, in denen sich viele Menschen besonders viel Glück wünschen sind z. B. im Beruf und in Liebesbeziehungen.

Eine gute Möglichkeit, sich auf mehr Glück vorzubereiten, möchte ich dir im Folgenden am Beispiel „Berufswahl" darstellen.

3 Schritte

Der **erste Schritt** besteht darin, innere Klarheit zu finden. Hier lohnt es sich, in die Tiefe zu gehen und folgende Fragen schriftlich zu beantworten: Was will ich wirklich? Was macht einen großartigen Beruf für mich aus? In welchem Themenbereich möchte ich arbeiten? Sind mir regelmäßige Arbeitszeiten wichtig oder möchte ich viel Reisetätigkeit haben? Möchte ich Verantwortung übernehmen oder kreativ arbeiten? Oder vielleicht beides? Arbeite ich lieber allein oder in einem großen Team? Wie viel Geld will ich mindestens verdienen? Möchte ich irgendwann ein Team leiten oder in einem Gebiet Expert:in werden? Welche Aspekte sind für mich zusätzlich noch wichtig? Je mehr Energie du in diesen ersten Schritt investierst, je klarer du dein Ziel beschreiben kannst, desto höher sind die Chancen, wirklich das Glück eines erfüllenden Berufs zu haben. Es ist ganz einfach: Ohne Ziel ist jeder Weg falsch.

Im **zweiten Schritt** nimmst du einen Perspektivwechsel vor. Frag dich dazu ganz ehrlich und unbedingt wieder schriftlich: Wie muss *ICH* sein, welche Eigenschaften muss *ICH* mitbringen, um einen Beruf mit der von mir beschriebenen Charakteristik in hoher Qualität ausfüllen zu können? Wen würde ich einstellen, wenn ich Chef:in wäre? Ist es vielleicht wichtig, schnell Entscheidungen treffen zu können, strategisch zu denken oder sehr präzise zu arbeiten? Oder muss man besonders offen auf Menschen zugehen können? Braucht es vielleicht eine gute Ausdrucksweise, ein gutes Zahlenverständnis oder besondere Sprachkenntnisse?

Im **dritten Schritt** prüfst du, welche dieser Eigenschaften du schon hast und welche du noch (weiter-)entwickeln musst, um dem Glück auf die Sprünge zu helfen. Frage dich für jede Eigenschaft, z. B. auf einer Skala von 1 bis 10, wie gut diese von dir heute schon erfüllt wird. In einigen Bereichen bist du vielleicht schon sehr gut aufgestellt, andere haben noch Entwicklungspotenzial. Jetzt weißt du ganz genau, wie du dich darauf vorbereiten kannst, mehr Glück damit zu haben, einen für dich erfüllenden Beruf zu finden.

Es kann auch sein, dass du im dritten Schritt merkst, dass du eigentlich gar nicht zu deinem mutmaßlichen Traumberuf passt. Auch das ist ein Glücksfall, wenn du möglichst früh bemerkst, dass deine Ziele gar nicht zu dir passen.

Ich fasse die drei Schritte noch einmal zusammen:

1. INNERE KLARHEIT

Was ist mir wichtig?

2. PERSPEKTIVWECHSEL

Wie muss ich sein?

3. ABGLEICH

Was erfülle ich schon? In welchen Bereichen will ich mich weiterentwickeln?

Diese Methode lässt sich wunderbar auch auf viele andere Lebensbereiche anwenden. Ein weiteres konkretes Beispiel ist das Glück, eine:n Traumpartner:in zu finden. Auch hier besteht der erste gute Schritt darin, dir Klarheit darüber zu verschaffen, wie du dir deine perfekte Partnerin oder deinen perfekten Partner vorstellst. Welche Werte sind dir wichtig? Welche Charaktereigenschaften spielen in Liebesbeziehungen eine besondere Rolle für dich?

Im zweiten Schritt kannst du dich mithilfe des Perspektivwechsel fragen, wie du sein musst, welche Eigenschaften du mitbringen musst, um für den von dir beschriebenen Menschen interessant zu sein. Im dritten Schritt folgt der Abgleich. Welche Eigenschaften hast du bereits, welche musst du noch entwickeln, um perfekt zu deinem Traumpartner bzw. deiner Traumpartnerin zu passen?

Die drei Schritte helfen dir in jedem für dich wichtigen Lebensbereich, vorbereitet zu sein. Zum einen weißt du durch eine konkrete Beschreibung, was du vom Glück erwartest. Du merkst dann z. B. sehr schnell, ob der angebotene Job zu dir passt oder welche Informationen dir vielleicht noch fehlen, um das einschätzen zu können. Du rutschst nicht in eine Ausbildung, in einen Job oder eine Beziehung und hoffst einfach auf das Glück, sondern kannst im Vorfeld aktiv prüfen, ob es sich nach deinen Maßstäben um eine gute Chance handelt. Wenn du auch die Schritte zwei und drei gewissenhaft bearbeitest, gehst du dem Glück dabei sogar noch einen großen Schritt entgegen.

Was Glück mit dem Zufall zu tun hat

Trotz aller Vorbereitung spielt der Zufall in unserem gesamten Leben eine wichtige Rolle. Was nützt es dir, genau zu wissen, wie dein:e Traumpartner:in beschaffen sein sollte, wenn du einfach keine Menschen kennenlernst, die dem auch nur ansatzweise entsprechen? Was nützt dir die Klarheit, wie für dich der perfekte Job aussieht, wenn es keine entsprechenden Stellenangebote gibt?

Mit dem Wort Zufall verbinden wir in der deutschen Sprache Ereignisse, die wir nicht beeinflussen können, z. B. das Ergebnis beim Werfen eines Würfels. Mit Blick auf das Glück lässt sich der Zufall mit etwas Kreativität und Aktivität aber häufig doch positiv beeinflussen. Im Bereich Liebesbeziehung

"It's never crowded along the extra mile"

hat offensichtlich jemand viel größere Chancen, eine:n passende:n Partner:in zu finden, der häufig neue Menschen kennenlernt. Ob du den ganzen Tag nur mit bekannten Menschen zu Hause verbringst oder regelmäßig Gelegenheiten schaffst, um neuen Menschen zu begegnen, hast du selbst in der Hand. Letzteres ist anstrengender und birgt das Risiko, dich zu langweilen oder enttäuscht zu werden. Gleichzeitig erhöht sich deine Chance, Glück zu haben, mit guter Vorbereitung erheblich.

Auch am Beispiel der Jobsuche kann man gut erkennen, wie viele Möglichkeiten es gibt, den Zufall selbst in die Hand zu nehmen. So kann eine Initiativbewerbung zu einer Stelle führen, die nie ausgeschrieben worden wäre, weil die Chefin so von der Klarheit des Bewerbers beeindruckt ist. Im Englischen gibt es den schönen Spruch: „It's never crowded along the extra mile", der sinngemäß bedeutet, dass es nur wenige Menschen gibt, die bereit sind, für eine Sache mehr zu geben als die meisten anderen. Wer bereit ist, vollen Einsatz zu zeigen, einen Rückschlag hinzunehmen und kreativ neue Wege zu finden, wird sehr schnell merken, dass der Zufall sehr wohl beeinflussbar und fast schon planbar ist.

Ich selbst habe immer Glück gehabt. Ich bin bisher mit großer Leichtigkeit durch das Leben gegangen und kann mich darauf verlassen, dass sich die Dinge zu meinen Gunsten entwickeln. Ich lande immer auf den Füßen und habe sogar Glück im Unglück. Von Freund:innen und Bekannten wurde ich oft gefragt, was mein Geheimnis sei.

> **DAS GEHEIMNIS IST MEINE FESTE ÜBERZEUGUNG, DASS JEDER MENSCH SEIN GLÜCK SELBST GESTALTEN KANN.**

In meiner Fantasie sitzt auch ein Gustav Gans abends mit Stift und Zettel am Schreibtisch und stellt sich die richtigen Fragen, um sein Glück zu steigern. Die wichtigsten Methoden habe ich dir in diesem Kapitel aufgezeigt. Es lohnt sich, damit anzufangen, in das eigene Glück zu investieren.

Auf deinem Weg zum Glück …

… viel Glück :)

WISSENSWERT

→ **Teste** deine Wahrnehmung:

UMSETZENSWERT

→ Nimm dir für zwei Wochen jeden Abend **fünf Minuten Zeit** und beantworte folgende zwei Fragen schriftlich:

- Wo habe ich in meinem bisherigen Leben so richtig Glück gehabt?
- Wo habe ich heute so richtig Glück gehabt?

→ Nutze die volle Zeit!

ERWÄHNENSWERT

→ Dr. med. Eckart von Hirschhausen, „Glück kommt selten allein ...", Rowohlt 2009 – gibt es übrigens auch als Hörbuch!

Deine Kondit

WENN DU NICHT FIT BIST, LÄUFT NICHTS.
WAS HILFT DIR, DURCHZUHALTEN UND NICHT SCHLAPP
ZU MACHEN, AUCH WENN ES MAL SCHWIERIG WIRD?

DR. WOLFGANG TONN

ist Allgemeinarzt und Notarzt, Ärztlicher Leiter der Heidelberger Medizinakademie und Autor des Buches „Jahrzehnte länger leben, gesund und glücklich".

Gesundheit

WARUM EIN GESUNDER LEBENSSTIL KEINEN VERZICHT BEDEUTET

Bevor ich mit dem Medizinstudium begann, ging ich zum ersten Mal auf Weltreise. Mit Rucksack und Zelt durchquerte ich 4½ Monate lang Australien, Neuseeland und Hawaii. Fast immer bin ich getrampt und habe dabei viele Einheimische kennengelernt. Das hat mir so viel Freude bereitet, dass ich während des Studiums und in der Zeit als Assistenzarzt 50 tropische Länder in insgesamt über 24 Monaten voller Abenteuer durchquert habe.

Dies hat mein Leben komplett verändert. Ich war in den ärmsten Ländern Süd- und Mittelamerikas, Asiens und Afrikas und habe verblüfft festgestellt, dass viele der armen Menschen in schlimmen Verhältnissen zufriedener sind als viele Menschen aus der reichen Schicht in Deutschland. In Gesprächen mit unzähligen Menschen auf der ganzen Welt wurde mir eines für mein Leben klar:

Für dein Glück sind nicht deine Eltern verantwortlich, nicht deine Lehrer:innen, nicht dein:e Chef:in, nicht dein:e Partner:in, nicht dein Wohlstand oder materieller Reichtum. Nein, für dein Glück bist nur du selbst verantwortlich!

GUT ZU LEBEN UND SICH AM LEBEN ZU FREUEN, IST EINE BEWUSSTE ENTSCHEIDUNG.

Deshalb lade ich dich ein, in diesem Kapitel zu entdecken, wie du dein Leben gesünder und glücklicher gestalten kannst. So wirst du mit nur ganz wenigen Tricks aktiver, dynamischer, leistungsfähiger und fitter sein, mehr Freude im Leben haben und dadurch das wundervolle Leben noch mehr genießen.

Gesundes Leben ist kein Verzicht auf schöne Dinge, sondern du wirst dadurch reich beschenkt mit Energie und Lebensfreude, die nach außen strahlt.

Dabei brauchst du nur ganz wenige Dinge zu berücksichtigen:

- viel Bewegung und Sport
- nicht rauchen, kein Alkohol, keine Drogen
- abwechslungsreiche, natürliche Ernährung
- Zeit vor dem Bildschirm einschränken
- Lebensfreude entwickeln

Bewegung und Sport

Viele Studien haben gezeigt, dass du durch viel Bewegung und Sport nicht nur gesünder, fitter und leistungsfähiger, sondern auch glücklicher wirst, dein Risiko für eine Depression deutlich sinkt und du deine geistige Leistung, sogar deine Schulnoten, dadurch verbesserst.

Dabei geht es nicht darum, eine bestimmte „Gesundheitssportart" zu treiben oder über eine bestimmte Zeitdauer eine definierte Leistung zu trainieren, sondern die Bewegung und die Sportart zu finden, die dir langfristig Spaß macht. Für die körperliche Gesundheit solltest du eine Sportart wählen, bei der du dich mindestens eine halbe bis eine Stunde so anstrengen musst, dass du aus der Puste kommst. Kraftsport ist dabei gesundheitlich weniger sinnvoll, besser sind Ausdauersportarten.

Beweg Dich!

Auch durch Sportarten, die du alleine ausführst, wirst du glücklicher als ohne Sport, Mannschaftssportarten machen dich langfristig jedoch noch glücklicher. Falls du noch keine Mannschaftssportart treibst, dann frage deine Freund:innen und Klassenkamerad:innen, welche Sportart sie treiben und ob du mal mitkommen kannst, oder suche im Internet, welche Sportarten in deinem Wohnort angeboten werden. Gehe einfach mal hin und probiere viele verschiedene Sportarten aus.

Nicht nur der reine Sport ist wichtig, sondern jede Form der Bewegung, so viel wie möglich. Triff dich deshalb oft mit Freund:innen auf dem Skaterplatz, im Freibad, im Wald oder irgendwo, wo ihr euch bewegt. Falls es nicht zu weit ist, dann fahre möglichst immer mit dem Fahrrad überall hin. Es gibt übrigens kein schlechtes Wetter, nur unpassende Kleidung.

Nicht Rauchen, kein Alkohol, keine Drogen

So viele verschiedene Sachen können wir im Leben machen: Tausende Spiele, die Umgebung mit Freund:innen entdecken oder einfach mit ihnen abhängen, ins Schwimmbad gehen, Bücher lesen, Sport, mit der Familie zusammen sein, ein neues Hobby entdecken, malen, basteln …

DAS SCHLIMMSTE VON ALLEM, WAS WIR UNSEREM KÖRPER UND UNSERER SEELE ANTUN KÖNNEN, IST ZU RAUCHEN, ALKOHOL ZU TRINKEN ODER DROGEN EINZUNEHMEN.

Die 30.000 Patient:innen, die ich bisher als Arzt behandelt habe, musste ich nicht fragen, ob sie rauchen, denn wo es zutraf, habe ich es im Gesicht der Person gesehen: Die Haut wird gräulich, grob und alt mit vielen Falten. Das Gleiche passiert mit dem ganzen Körper. Die Adern verstopfen viel schneller, vom Gehirn über das Herz bis hin zu den Beinen, und jedes Organ wird geschädigt. Raucher:innen altern unglaublich viel schneller, sie werden viel früher krank und unfit und sterben im Durchschnitt mehr als zehn Jahre früher aufgrund von 21 verschiedenen Erkrankungen. Jede:r zweite Raucher:in stirbt am Rauchen. Mit 125.000 Todesfällen pro Jahr in Deutschland ist Rauchen das größte gesundheitliche Übel überhaupt.

Menschen, die E-Zigaretten rauchen, bekommen 79 % häufiger Herzinfarkte als Nichtraucher. E-Zigaretten enthalten Nikotin, Feinstaub, Metalle und Aromastoffe, die zu deutlichen Schäden am Herz und an den Adern in allen Organen führen können. Lass deshalb auch von E-Zigaretten die Finger, sie machen abhängig und sind gesundheitsschädlich. Im Rauch einer Wasserpfeife (Shisha) sind 82 giftige oder krebserregende Substanzen. Die Annahme, dass der Rauch beim Durchleiten durch das Wasser gereinigt wird, ist falsch. Durch die Oberflächenspannung der Bläschen kommt der Rauch mit dem Wasser nicht in Kontakt. Das Rauchen mit der Wasserpfeife ist ähnlich schädlich wie Zigaretten.

Durch zu hohen Alkoholkonsum stirbt jede:r zehnte Deutsche. Das Risiko für Krebserkrankungen, Leberzirrhose, Demenz, Impotenz und viele weitere Erkrankungen steigt, je mehr Alkohol du trinkst. Das Tückische dabei ist, dass aus Gewohnheit schnell eine Abhängigkeit wird, die du nicht mehr kontrollieren kannst. Genauso machen Drogen aller Art uns krank und schnell abhängig. Zeige deine Stärke! Lass von vornherein die Finger von Alkohol und Drogen!

Ernährung

Willst du gesund, voller Energie und körperlich und geistig fit sein? Dann komm mit mir auf eine Abenteuerreise in die gesunde Ernährung, die lecker ist und sehr abwechslungsreich.

Besonders gesund sind:

- viel Obst und Gemüse
- Proteine aus Hülsenfrüchten (evtl. Fisch, Milch und mageres Fleisch)
- Vollkornprodukte
- Nüsse und Samen

Vermeiden solltest du:

- ○ Süßigkeiten und Softdrinks
- ○ Fastfood
- ○ tierische Fette, vor allem in Wurst

Alle Arten von frischem **Obst und Gemüse** sind gesund. Sie enthalten alle Vitamine, Mineralstoffe und Ballaststoffe, die dein Körper braucht.

Du brauchst dir keine Gedanken zu machen, welches Obst oder Gemüse du essen sollst. Nimm das, was dir am besten schmeckt, möglichst verschiedenes Obst und Gemüse, naturbelassen, roh und so viel und so oft wie möglich!

Vitaminen und Mineralien

Besonders zum Wachsen (auch für Muskeln) brauchst du ausreichend **Proteine**. Für Proteine gibt es noch ein zweites Wort: Eiweiß. Eiweiß hat somit zwei Bedeutungen, das Weiße vom Ei und Protein. Viele Proteine sind in **Fleisch, Fisch und Milch**. Vor allem fette Wurst (und fettes Fleisch) sind aber ungesund. War dir bewusst, dass manche Wurstsorten zu 30 bis 50% aus Fett bestehen, z. B. Bockwurst, Fleischkäse, Leberwurst, Mettwurst oder Salami? Speck hat sogar 65% Fett! Du solltest deinen Proteinbedarf deshalb lieber aus magerem Fleisch und Milch decken, noch gesünder ist Fisch und die Königsklasse der Proteine sind Hülsenfrüchte. Dies sind alle Arten von Bohnen, auch Sojabohnen (z. B. enthalten in Tofu), Linsen, Lupinen, Erbsen und Kichererbsen (auch enthalten in Hummus und Falafel). Probier beim Döner doch das nächste Mal eine Falafel aus!

Meine beiden Kinder ernähren sich genau wie ich aus Überzeugung und aus gesundheitlichen Gründen vegetarisch. Deshalb weiß ich, dass die vegetarischen Gerichte in den Schulmensen mit nur Nudeln, Gemüse oder Reis meist zu wenig Proteine enthalten. Da solltest du zu Hause bei Hülsenfrüchten kräftig zufassen.

Getreide ist eine der wichtigsten Nahrungsquellen der Menschheit. Das volle Korn besteht aus drei Teilen: dem Mehlkörper, dem Keimling und den äußeren Schichten, die „Kleie" genannt werden. Der Keimling und die Kleie sind sehr gesund mit vielen Ballaststoffen, Vitaminen und Mineralien. Der Mehlkörper ist nicht gesund, er enthält vor allem Kohlenhydrate, also Kalorien. Bei normalem Brot, Nudeln, Müsli oder Reis, das nicht „Vollkorn" ist, werden leider der Keimling und die Kleie entfernt. All diese Getreideprodukte, die nicht Vollkorn sind, sind deshalb nicht gesund. Alles, was Vollkorn ist, ist sehr gesund. Schaue deshalb bei Müsli, Reis und Nudeln, dass auf der Packung „Vollkorn" steht. Die meisten Brötchen, die von außen mit Körnern belegt sind oder Brot, das dunkel erscheint, sind kein Vollkorn.

DESHALB FRAGE ICH BEI JEDEM EINKAUF DIE VERKÄUFER:INNEN IN DER BÄCKEREI, WELCHES BROT ODER BRÖTCHEN TATSÄCHLICH VOLLKORN IST.

Nüsse und Samen, alle Arten davon, sind sehr gesund. Auf meinem Esstisch steht immer eine Schale mit allen Nusssorten, die mein Einkaufsladen zu bieten hat, und meine Zwischenmahlzeiten bestehen immer aus Obst und Nüssen.

Zucker, Fastfood und tierische Fette sind die drei Substanzen, die in der Ernährung von Jugendlichen am schädlichsten sind. Zu diesen drei gibt es große Studien, die zeigen, dass durch deren Konsum das Risiko für viele Erkrankungen erhöht ist und Menschen durch sie früher sterben.

35 Würfelzucker

Zucker ist in großen Mengen in Softdrinks und in Süßigkeiten enthalten. In einem Liter Cola oder Limonade sind etwa 100 Gramm Zucker, das entspricht 35 Würfelzucker! Hoher Zuckerkonsum führt schon bei Jugendlichen zu einer Vorstufe von Arterienverkalkung, das Risiko für Herzinfarkte, Schlaganfälle und viele weitere Erkrankungen steigt dadurch enorm.

Gesündere Durstlöscher sind Wasser, Tee oder Fruchtschorle. Doch auch hier besteht ein großer Unterschied zwischen Schorle, Nektar und Fruchtsaftgetränk:

- Fruchtsaftschorle, zum Beispiel Apfelschorle, besteht nur aus Saft und Wasser und ist somit gesund.
- Fruchtnektar darf bis zu 20 % Zucker enthalten und ist somit ungesund.
- Fruchtsaftgetränke enthalten viel Zucker und Aromastoffe und haben nur wenig Saftanteil. Sie gehören deshalb, genauso wie die Softdrinks, zur Krönung der ungesunden Ernährung.

Fertignahrungsmittel enthalten viele tierische Fettsäuren, Zucker, Salz und Konservierungsstoffe und sind deshalb schädlich für die Gesundheit. Je naturbelassener die Nahrungsmittel, desto gesünder sind sie.

Tierische Fette sind reich an sogenannten gesättigten Fettsäuren, die ebenfalls in die Top 3 der ungesündesten Nahrungsmittel gehören. Wurst und fettes Fleisch wurden deshalb schon vor Jahrzehnten aus meinem Haus verbannt und durch pflanzliche Leckereien ersetzt.

Tagesstruktur

Für einen gesunden Körper und einen gesunden Geist ist es wichtig, seine Zeit sinnvoll einzuteilen.

Ein paar Anregungen dazu:

- Jede:r braucht ausreichend Schlaf, jede Nacht. Gehe deshalb frühzeitig ins Bett.
- Versuche, dich möglichst jeden Tag zu bewegen, im Spiel oder im Sport.

- Schaffe einen gesunden zeitlichen Ausgleich zwischen Lernen/Arbeiten und Freizeit.
- Natur macht gesund und glücklich. Versuche deshalb, oft in die Natur zu gehen. Vielleicht kannst du dich im Freien mit Freund:innen verabreden für Spiel und Sport.
- Pflege deine Freundschaften regelmäßig.
- Reduziere deine Zeit am Bildschirm (Handy, Computerspiele, Internet). Je mehr Zeit du damit verbringst, desto unglücklicher und ungesünder wirst du! Kopfschmerzen, Depressivität, Übergewicht, schlechte Schulnoten ... wird alles durch viel Zeit am Bildschirm verstärkt. Die Zeit, die du am Bildschirm verbringst, lebst du nicht wirklich, sondern geht dir im echten, fantastischen Leben verloren!

Lebensfreude entwickeln

Gesundheit betrifft nicht nur deinen Körper, sondern auch deine Seele.

Du findest in diesem Buch viele hilfreiche Kapitel, die dir helfen, Lebensfreude zu entwickeln und seelisch gesund zu bleiben. Auf ein paar Themen, die mir besonders wichtig sind, möchte ich hier noch einmal kurz eingehen.

POSITIVES DENKEN

Für manche Menschen ist das Glas immer halb leer, sie sehen immer die schlechten Seiten, alles, was ihnen fehlt. Für andere ist das Glas immer halb voll, sie freuen sich über das Schöne im Leben. Beide leben in der gleichen Welt. Viele, die vor allem die schlechten Seiten sehen, glauben, sie sehen die Welt realistisch. Doch das ist falsch! Fast alles hat seine positiven und seine negativen Seiten. Versuche, in allem die schönen Dinge zu entdecken, in deinen Eltern, deinen Freund:innen und in dir und in allem, was du am Tag machst.

Starte positiv in den Morgen, vielleicht mit deiner Lieblingsmusik, und freue dich über ein leckeres und gesundes Frühstück. Freue dich über liebe Menschen, die du am Tag siehst, und drücke sie fest zur Begrüßung. Genieße alles in vollen Zügen: deine Freundschaften, deine Hobbys, das Essen und deinen Körper – und sei dankbar.

DANKBARKEIT

Freue dich jeden Tag, dass du und die Menschen, die dir wichtig sind, gesund sind. Dass ihr genug zu essen und ein sicheres Zuhause habt und in einem freien Land wohnt. Dass ihr freundlich zueinander zu sein und euch Liebe schenken könnt. Freue dich auch über die kleinen Dinge im Leben: den Marienkäfer, die Natur, das Lächeln, das dir jemand anderes schenkt.

VERGLEICHE DICH NICHT

Es gibt immer einen Nachbarn, der ein tolleres Haus hat, eine andere, die ein rasanteres

Fahrrad besitzt oder verrücktere Urlaube durchzieht, jemand Drittes, die oder der hübscher, sportlicher oder intelligenter ist oder Eltern hat, die mehr Zeit haben. Vergleiche dich deshalb nie mit anderen. Du bist toll, liebenswert und einzigartig, so wie du bist!

GELASSENHEIT

Ärgere dich nicht über das Wetter, über die Lehrer:innen oder Mitschüler:innen oder über andere Menschen. Das ändert auch nichts. Andere Menschen kannst du nicht ändern, nur dich selbst! Sei lieber entspannt allem gegenüber, das du nicht ändern kannst.

ACHTSAMKEIT

Manche Dinge im Leben, die dich daran hindern, glücklich zu sein, kannst du auch ändern. Dazu musst du zuerst einmal wissen, was dich im Leben glücklich macht. Du denkst, dass du es schon weißt? Dann zähle jetzt mal alles auf, was dich richtig glücklich macht. Materielles (alles, was man kaufen kann) ist dabei ausgeschlossen, denn wir wissen, dass materielle Dinge dauerhaft kein Glücksgefühl bringen. Shoppen macht nur kurzfristig glücklich. Schon nach wenigen Tagen haben wir uns daran gewöhnt und unser Glücksniveau ist genauso hoch wie vorher.

Als ich 18 Jahre alt war, habe ich begonnen, regelmäßig eine „stille Stunde" zu machen. Ich legte mich dazu aufs Bett und überlegte mir, ob ich glücklich bin, was mich im Leben glücklich macht, was mich stört, was ich brauche, um glücklich zu sein, was kurzfristig und langfristig meine Ziele sind und wie ich diese erreichen möchte. Nur dadurch habe ich herausgefunden, was ich wirklich brauche, um glücklich zu sein, z. B. Freundschaften, meine Familie, Sport, eine Ausbildung zu einem sinnvollen Beruf… und ich habe gelernt, gelassen zu sein bei allem, was ich nicht ändern kann, und den Mut zu haben, alles zu ändern, was ich ändern kann.

Stille Stunde

Achtsam zu sein bedeutet auch, in den Momenten, in denen du traurig bist, zu fühlen, was dich traurig macht. Hat dich jemand verletzt? Fühlst du dich einsam? Oder sind es ganz andere Gründe? Sprich darüber mit deinen Eltern oder anderen, denen du vertraust. Gemeinsam könnt ihr Lösungswege entdecken.

LANGEWEILE UND KREATIVITÄT

Kreativität bedeutet, sich Dinge selbst auszudenken und zu erschaffen. Dies kann auch ein Spiel mit einem Freund oder einer Freundin mit ganz einfachen Mitteln sein. Wenn dir langweilig ist, dann greife auf keinen Fall zum Handy! Auch deine Eltern sind nicht dafür zuständig, dich in deiner Langeweile zu beschäftigen, sondern Langeweile ist wichtig, um kreativ zu werden. Überlege dir also selbst oder mit anderen, was du Tolles entwickeln kannst oder welches Spiel ihr entdecken könnt.

BERUFSWAHL

Die meiste Zeit in deinem Leben wirst du in deinem Beruf und mit deinem Partner oder deiner Partnerin verbringen. Die Berufswahl und die Partnerwahl sind deshalb ganz wichtig für dein langfristiges Glück. Überlege dir genau, welcher Beruf dich glücklich macht. Lass dich gut beraten, mache kurze Praktika in vielen verschiedenen Berufen und längere Praktika in den Bereichen, die dir dann am besten gefallen.

ANDEREN HELFEN UND SICH ENTSCHULDIGEN

Anderen zu helfen macht unglaublich Freude. Versuche, deinen Eltern, Freund:innen und Klassenkamerad:innen so oft zu helfen wie möglich. Mach ihnen auch ehrliche Komplimente und lobe sie, sage ihnen, was du toll an ihnen findest. Niemand ist perfekt. Wir alle machen Fehler. Akzeptiere das an anderen und an dir selbst.

Wenn durch deine Fehler andere zu Schaden gekommen sind oder du andere verletzt hast, dann entschuldige dich bei ihnen. Du wirst sehen, dass dann Magisches passieren kann ...

LEBE VOLLER LIEBE UND GEFÜHL

Tue alles, was du machst, mit Liebe und Leidenschaft, egal ob es der Sport ist, das Erledigen deiner Pflichten im Haushalt oder deine Hausaufgaben.

Lebe im Hier und Jetzt, voller Gefühl, Leichtigkeit und Freude. Wenn du Liebe und Freude ausstrahlst, dann werden sie zu dir zurückkommen. Sie sind ansteckend!

Das Leben ist eine Achterbahn, es geht rauf und runter. Tolle Lebensphasen wechseln sich mit schwierigeren Abschnitten ab.

Freu dich auf das Abenteuer Leben und habe Mut!

WAS HILFT DIR, DURCHZUHALTEN?

ERREICHENSWERT

Lass uns gesund und lecker essen! Ein paar Beispiele:

➤ **Frühstück und Abendessen:**

- Achte beim Müsli darauf, dass es Vollkorn ist, und füge viele frische Früchte und Nüsse bei.
- Frage bei Brot und Brötchen immer nach Vollkorn.
- Ersetze Wurst durch Hummus, Käse, Quark, Linsen- oder Bohnenaufstrich.
- Iss viel Obst zum Frühstück, viel Gemüse zum Abendessen.

➤ **Mittagessen:**

- Greife mehr zu Gemüse, weniger zu (fettem) Fleisch, nicht zu Wurstwaren.
- Ersetze Fleisch durch Hülsenfrüchte, Sojaprodukte oder Tofu.
- Versuche statt der klassischen Spaghetti Bolognese einfach mal Vollkornspaghetti mit Tomatensoße, Sojahack, Sonnenblumen und Kürbiskernen.

➤ **Zwischenmahlzeiten und Naschen:**

- Iss viel Obst und Nüsse, Schokolade ist auch erlaubt.

NACHDENKENSWERT

➤ Weißt du, was du **wirklich brauchst** an nicht-materiellen Dingen?

➤ Kannst du mit jemandem über das sprechen, was dich wirklich beschäftigt?

➤ Wenn nein: Wer könnte so jemand für dich werden?

UMSETZENSWERT

➤ Wie sieht es aus mit deiner körperlichen Gesundheit?

➤ Welcher Bereich (Ernährung, Bewegung, Tagesablauf) ist für dich der herausforderndste?

➤ Was möchtest du **konkret tun**, um darin fitter zu werden?

Hier findest du weitere Informationen zum Thema:

DR. SABRINA HAN

ist zertifizierter Schlafcoach, vor allem für Brustkrebspatientinnen, Gründerin von „Erfolgreich-schlafen.de", und Berliner Göre mit riesiger Sport- und Reisebegeisterung.

WARUM OHNE DIESE WELTBEWEGENDE PAUSE NICHTS GEHT

Habt ihr das auch schon mal gemacht: ganz spontan einen Trip in eine coole Stadt, um mit euren Freund:innen zusammen feiern zu gehen? Wir hatten einen Minibus gebucht und sind ab nach Prag. Eine wirklich tolle Stadt mit großartigem Nachtleben. Da uns allen aber das Geld für ein Hotel fehlte, beschlossen wir gegen 4 Uhr morgens, direkt aus der Disco Richtung Heimat zu fahren. Vier Stunden Autofahrt, das war doch ein Klacks.

Wir hatten alles, was man brauchte, um wach zu bleiben: Gesprächspartner:innen, Cola und coole Musik. Na ja, leider wurde aus dem Wachbleiben nichts. Sobald wir im Auto saßen, wurden wir alle so müde, dass wir sofort einschliefen. Nur unser Fahrer versuchte krampfhaft wach zu bleiben. Doch schon bald merkte er, dass es auch ihm sehr schwerfiel.

Seine Augen wurden schwerer, die Lichter der anderen Autos blendeten ihn und er versackte einen klitzekleinen Moment in einem Sekundenschlaf. Zack, das hätte es gewesen sein können: das tödliche Ende von sechs wirklich talentierten Jugendlichen. Was für eine unnötige Tragödie!

Was sind die Folgen von Schlafmangel?

In den USA allein stirbt pro Stunde ein Mensch wegen Müdigkeit am Steuer. In Deutschland hängen ca. 20 % aller schweren Unfälle mit Müdigkeit zusammen. Das sind mehr schwere Unfälle als durch Drogen und Alkohol zusammen! Warum? Im Rausch reagierst du zwar verzögert, aber du reagierst. Im Sekundenschlaf, einem klitzekleinen Moment, eventuell *den* entscheidenden Sekunden, reagiert dein Körper gar nicht, weil er eben schläft! Besonders auf der Autobahn zählt jede Millisekunde: Wenn du 120 km/h fährst, legst du immerhin mehr als 33 Meter innerhalb einer einzigen Sekunde zurück. Bei 180 km/h sind es exakt 50 m/s! Wir hatten noch einmal Glück: Als unser Auto über die Randlinie fuhr, vibrierte es leicht und unser Fahrer wurde wach und konnte das Auto gerade noch auf die Spur zurücklenken.

SCHON BEI ÄUSSERST GERINGEM SCHLAFMANGEL LÄSST UNSERE KONZENTRATION STARK NACH.

Nach 19 Stunden ohne Schlaf, also an einem normalen Freitagabend (von 7 bis 2 Uhr morgens) ist man kognitiv so beeinträchtigt, als hätte man 0,8 Promille Alkohol im Blut. In Deutschland darfst du als erfahrene:r Autofahrer:in nicht mehr als 0,5 Promille vorweisen, sonst machst du dich strafbar. Neben der Konzentrationsschwäche verschlechtert sich auch die Reaktionszeit um 30-50 %, während man gleichzeitig beginnt, sich selbst zu überschätzen.

0,8 Promille

Nach einer durchgemachten Nacht ist es also keine gute Idee, Auto zu fahren oder dein Leben in die Hände eines müden Freundes oder einer müden Freundin zu legen.

Tatsächlich ist Schlafmangel ein so tiefgreifender Einschnitt in unseren Körper, dass es kein Medikament oder anderes Hilfsmittel gibt, das diesen Zustand ausgleichen könnte. Schlafmangel hat weitaus dramatischere Folgen als zu wenig Bewegung oder zu wenig Nahrung. Randy Gardner versuchte 1964 als 16-jähriger Highschool-Schüler, einen Rekord im Wachsein aufzustellen. Er schaffte sage und schreibe 264 Stunden (11 Tage). Während dieses Experiments hielt er sich für einen berühmten Footballspieler. Auf der Straße verwechselte er Straßenschilder mit Fußgänger:innen. Tatsächlich wurde er fast verrückt.

Schlafentzug gilt als eine der härtesten Foltermethoden. Daher ist es nicht erstaunlich, dass das Guinnessbuch der Rekorde keine Rekordversuche im Wachbleiben mehr aufnimmt. Denn wer nicht schläft, der stirbt. Und wer kürzer schläft, der lebt in der Regel auch kürzer oder zumindest schlechter.

Wie lang sollte man schlafen?

Die empfohlene Schlafdauer für Erwachsene beträgt ca. 7,5 h/Nacht. Diese Zeit kann sich je nach Person etwas nach unten oder nach oben verändern. Es gibt auch absolute Kurzschläfer:innen, die mit nur fünf Stunden Schlaf pro Nacht auskommen, ohne einen ersichtlichen Nachteil davon zu haben. Doch bevor du dich zu früh freust: Es ist wahrscheinlicher, dass du von einem Blitz getroffen wirst (1:12.000), als dass du zu diesem kleinen Personenkreis zählst.

Aber wie bei allem auf der Welt gibt es auch beim Schlaf ein zu viel des Guten. Insgesamt sollten es maximal 9-10 Stunden pro Nacht sein, damit du nicht den halben Tag verschläfst.

Welche Wunderwirkungen hat Schlaf?

Eines vorweg: Schlaf ist alles andere als ein passiver Zustand. Schlafen ist kein bewusstloses Hingeben, was uns wache Zeit klaut, in der wir viel wichtigere Dinge erledigen könnten. Immerhin schlafen wir ungefähr ein Drittel unseres Lebens. Also muss doch etwas Unvergleichliches, Unersetzbares passieren, wenn wir schlafen!

Unser Schlaf besteht aus verschiedenen Zyklen, die sich wiederholen und jeweils so lang sind wie ein Fußballspiel, also ungefähr 90 Minuten. Innerhalb dieser Zyklen gibt es verschiedene Stufen: den Traumschlaf, auch als REM-Schlaf bezeichnet, und je nach Tiefe des Schlafs die Stufen 1-4 (NON-REM-Schlaf). In Stufe 4 befinden wir uns im tiefsten Schlaf, dem Tiefschlaf. Klingelt in diesem Moment dein Wecker, kann es sein, dass du ihn entweder komplett überhörst oder aber komplett von der Rolle aufwachst. In den ersten Zyklen herrscht eher der Tiefschlaf vor, während in den späteren Zyklen eher der Traumschlaf dominiert.

Die beiden wichtigsten Phasen, den Tief- und den Traumschlaf, schauen wir uns in den nächsten Abschnitten etwas genauer an.

Wie du im Schlaf gesund bleibst

Der Tiefschlaf hat zwei super wichtige Aufgaben. Es gibt keinen anderen Zustand, in dem diese Prozesse in unserem Körper ablaufen.

Die erste Hauptaufgabe ist die Regeneration, also die Erholung bzw. Wiederherstellung unserer Gesundheit. Zum einen werden im Tiefschlaf so viele sogenannte Wachstumshormone ausgeschüttet wie zu keinem anderen Zeitpunkt. Sie bestehen zwar nur aus Eiweiß, aber sie haben es in sich. Sie sind wahre Superhelden für unseren Körper: Sie bauen jede Nacht neue Zellen für unser Immunsystem und steigern auf diese Weise unsere Immunabwehr.

WENN DU MEHR ALS SIEBEN STUNDEN PRO NACHT SCHLÄFST, WIRST DU DICH VIER MAL SELTENER ERKÄLTEN ALS JEMAND, DER KÜRZER SCHLÄFT.

Die Wachstumshormone sorgen für starke Knochen und Muskelwachstum. Sie machen uns schöner und schlanker, indem sie die Fettverbrennung ankurbeln (schon mal den Begriff Schönheitsschlaf gehört? Da ist wohl eine Menge dran!). Wachstumshormone machen uns leistungsfähiger und lassen uns klarer denken. Der größte Reiz für Wachstumshormone ist übrigens Training. Durch Sport kannst du bis zu 500 % mehr Wachstumshormone haben!

Zum anderen ist das glympathische System im Tiefschlaf besonders aktiv. Dieses ist eine Art Waschmaschine für unser Gehirn. Es bewirkt, dass unser Gehirn reingewaschen wird von toxischen Stoffen, die tagsüber bei jedem von uns produziert werden. Jedes Jahr werden auf diesem Wege ca. 2,5 kg

Proteinmüll aus deinem gerade mal 1,3 kg leichten Gehirn gespült. Unter anderem wird unser Gehirn von den giftigen Stoffen gesäubert, die z. B. Alzheimer auslösen können. Das Entscheidende daran ist, dass diese Art Reinigung größtenteils stattfindet, wenn wir uns im Tiefschlaf befinden. Es gibt keinen anderen Zeitpunkt, an dem diese Reinigung so optimal und reibungslos stattfinden kann. Wer den Film „Honig im Kopf" kennt, dem sollte klar sein, dass dies allein ein triftiger Grund sein sollte, sich über sein Schlafverhalten Gedanken zu machen.

Was Schlaf mit Krebs zu tun hat

Außerdem werden im Tiefschlaf vermehrt die natürlichen Killerzellen ausgeschüttet. Auch sie sind für die Stärkung unseres Immunsystems verantwortlich. Sie bekämpfen Schnupfen und Grippe, aber auch bösartige Zellen, also Krebszellen. Es ist erstaunlich: Immunologisch gesehen gilt unser Körper bereits nach wenigen Nächten mit Schlafmangel als geschwächt.

Schon nach einer Nacht mit vier Stunden Schlaf (wenn du also mal wieder bis 3 Uhr morgens am Handy gedaddelt hast, morgens aber trotzdem um 7 Uhr raus musstest) sind 70 % der natürlichen Killerzellen beseitigt! Wahnsinn, oder? Auch das Krebsrisiko steigt um 40 %, wenn ein Mensch auf Dauer statt sieben nur sechs Stunden oder weniger schläft.

Und das ist nicht alles, was Schlafmangel zur Krebsentstehung beiträgt. Schlafmangel versetzt unseren Körper in Stress. Stress löst Entzündungsreaktionen aus, welche bereits

Waschmaschine fürs Gehirn

vorhandene Krebszellen zu ihrem Vorteil nutzen können. In einer Studie mit Mäusen wiesen die müden Mäuse ein um 200 % schnelleres Krebswachstum auf als ihre ausgeschlafenen Mäuse-Buddys. Die Tumorgröße, Tumoraggressivität und auch Metastasen profitierten enorm von Schlafmangel. Und wir alle wissen, dass das die Überlebensprognose und Behandlungschancen deutlich reduziert.

Während meiner Doktorarbeit habe ich sehr viel direkten Kontakt mit Krebspatient:innen gehabt. Ich habe viele persönliche Geschichten gehört, bei denen ich heulend dasaß. Krebs ist nichts, was einfach wegoperiert wird. Krebs ist ein so tiefer Einschnitt ins Leben, der alles ändern kann: die Partnerschaft, die Rolle in der Familie und im Job, das Vertrauen in den eigenen Körper und vieles mehr. Nichts ist, wie es vorher war. Deshalb nimm Schlafmangel bitte auch aus diesem Grund nicht auf die leichte Schulter!

Wie der Schlaf dir beim Lernen hilft

Die zweite wichtige Aufgabe des Tiefschlafs ist das Speichern und Löschen von Informationen. Während dieser Schlafphase wird Faktenwissen selektiert: Wichtiges wird abgespeichert, unnötige Informationen werden verworfen. Nur wenn Speicherplatz auf deinem Gehirn-USB-Stick frei wird, indem unwichtige Informationen gelöscht werden, ist genügend Platz für neue wichtige Informationen. So benötigst du die Information, wo du gestern deine dreckigen Socken liegengelassen hast oder welche Hose dein Lehrer anhatte, am kommenden Morgen nicht mehr. Sie kann also gelöscht werden. Den Stoff, den du dir für die morgige Klausur reingeprügelt hast, brauchst du aber schon. Diese Informationen sollen, zumindest bis morgen nach der Klausur, gespeichert werden.

Zum einen kann also Schlaf *vor* dem Lernen helfen, überhaupt neue Erinnerungen abzuspeichern, weil alte Informationen gelöscht werden und so Platz für neue geschaffen wird. Hierzu musst du auf jeden Fall mehr als sechs Stunden schlafen. Denn dieser Prozess findet besonders in den späteren Morgenstunden im NON-REM-Schlaf statt.

Und zum anderen kann Schlaf *nach* dem Lernen helfen, das Erinnerungsvermögen zu verbessern. Hier zählt vor allem der Schlaf am frühen Abend. Denn dieser Prozess findet im tiefen NON-REM-Schlaf statt.

KONKRET HEISST DAS FÜR DIE KLAUSUR AM MONTAG: SONNTAGMORGEN RICHTIG LANGE AUSSCHLAFEN, TAGSÜBER VIEL LERNEN, ABENDS FRÜH INS BETT.

Demnach bringt es wenig, sich in der Nacht vor der Klausur die Fakten reinzuprügeln. Hätte ich das mal früher gewusst ...

Auch ein Mittagsschlaf kann förderlich sein und deine Lernleistung um 20 % steigern. Das meint Professor Walker, ein Professor für Psychiatrie, Neurowissenschaften und Psychologie. Er führte schon etliche Studien in Bezug auf Schlaf durch. Unter anderem untersuchte er folgende Fragestellung: Wie wirkt sich ein 90-minütiger Mittagsschlaf auf den Lernerfolg aus? Dazu mussten seine Proband:innen 100 Gesichter lernen. Im Anschluss daran durfte die eine Gruppe 90 Minuten schlafen, während die andere Gruppe sich die Zeit im Internet oder mit Brettspielen vertreiben musste. Am Abend wies die Siesta-Gruppe einen deutlichen Lernvorteil auf.

Power-Nap

Was Powernaps so kraftvoll macht

Aber ein Mittagsschlaf kann noch sehr viel mehr als nur zum Lernerfolg beizutragen. Das Bedürfnis danach scheint fest in uns verankert zu sein. Unsere Köpertemperatur sinkt gegen Mittag nämlich genau wie am Abend: Der Körper bereitet sich anscheinend auf eine Pause vor. Wissenschaftler sind sich einig, dass neben ausreichend Nachtschlaf, gesunder Ernährung und ausreichender körperlicher Aktivität der Mittagsschlaf das letzte Puzzleteil zu einem langen, gesunden Leben ist.

Das Wort Powernap sagt schon sehr exakt, worum es dabei eigentlich geht: um ein Kraftschläfchen oder Energienickerchen. Es geht also weniger ums Schlafen als vielmehr ums kurze, gezielte Wegnicken.

ES GIBT SO VIELE VORTEILE, DASS DIESE DEN EINZIGEN NACHTEIL – DIE FEHLENDE HALBE STUNDE AM TAG – MEHR ALS WETTMACHEN.

Wie oben schon beschrieben, geht das Lernen einfacher und besser. Du bist danach viel entspannter und motivierter und kommst beim Arbeiten so viel leichter in einen Flow. Weil dann auch Sorgen und Ängste Mittagspause haben, tust du sehr aktiv etwas für deine Psychohygiene. Das Risiko für Herzkreislauferkrankungen sinkt durch regelmäßige Mittagsschläfchen um 37 %. Laut einer NASA-Studie aus dem Jahr 1995 steigert sich deine Leistungsfähigkeit nach einem Nap um 35 %!

Doch es gibt einiges zu beachten. Du solltest nicht nach 16 Uhr und höchstens 10 bis 26 Minuten schlafen, sonst könntest du am Abend Probleme beim Einschlafen haben. Stelle dir unbedingt deinen Wecker und im gleichen Zug stellst du das Handy am besten auf lautlos. Damit du dich wirklich entspannen kannst, solltest du weder direkt davor noch danach wichtige Termine haben. Apropos entspannen: Vielleicht helfen dir am Anfang kurze Entspannungsübungen wie Progressive Muskelrelaxation oder Autogenes Training, um zur Ruhe zu

Doppelter Energieschub

kommen. Es gibt diverse Apps, die dich dabei begleiten können. Manchmal braucht es etwas Zeit, seinen Körper an die kleine Pause mitten am Tag zu gewöhnen, aber Übung macht ja bekanntlich den Meister. Wer Kaffee mag, kann diesen gerne davor trinken. Genau, davor! Das Koffein wirkt etwa nach 20 Minuten, genau dann, wenn du wieder wach sein solltest. Dann hast du einen doppelten Energieschub.

Und nach dem Nickerchen, egal, ob du geschlafen hast oder das Gefühl hast, du hättest kein Auge zugetan: Steh auf und werde aktiv. Mach die Fenster auf, tanke Licht, bewege dich, iss oder trink etwas. Nur drücke auf keinen Fall die Snooze-Taste. Ich kenne das selbst von mir. Man würde so gerne liegen bleiben und noch etwas länger schlafen, es ist so schön warm und kuschelig im Bett ... Nur ein paar Minütchen. Aber genau das ist tricky, denn dann stellt sich der Körper auf weiteren Schlaf ein. Wenn ich mich wirklich gar nicht zum Aufstehen motivieren kann, dann mache ich einen Kompromiss mit meinem inneren Schweinehund. Ich sage ihm: Du darfst noch zehn Mal ein- und ausatmen, aber dann musst du wirklich raus. Ich glaube, das sind tatsächlich meine längsten, tiefsten, genussvollsten und achtsamsten Atemzüge am Tag.

Der Traumschlaf: Warum Schlafen genial macht

Kommen wir zum zweiten großen Thema des Schlafes: dem Traumschlaf. Ihm werden genauso wichtige Aufgaben wie dem Tiefschlaf zugesprochen.

> **WISSENSCHAFTLER:INNEN SIND DER MEINUNG, DASS SICH DER MENSCH VOR ALLEM AUFGRUND DES TRAUMSCHLAFS SO WEIT ENTWICKELT HAT WIE KEIN ANDERES LEBEWESEN.**

Keine andere Spezies ist bisher von sich aus auf den Mond geflogen, hat Impfstoffe erfunden oder Computer entwickelt! Traumschlaf scheint die einzigartige Genialität der Menschheit möglich gemacht zu haben. Doch wie ist dies möglich? Schauen wir uns an, was genau passiert, während wir träumen.

Es gibt vier Bereiche des Gehirns, die während des Traumschlafs aktiv sind:

1. die visuellen räumlichen Regionen, die eine komplexe visuelle Wahrnehmung ermöglichen,
2. der motorische Kortex, der Bewegungen veranlasst (obwohl unser Körper in der Traumphase aktiv gehemmt wird, wir also die geträumten Bewegungen zum Glück nicht ausführen können. Ausgenommen davon sind unsere Augen, diese bewegen sich schnell hin und her, weswegen diese Phase auch Rapid Eye Movement (REM)-Phase genannt wird),
3. der Hippocampus und seine Umgebung, die autobiographische Erinnerungen unterstützen,
4. sowie das emotionale Zentrum (Amygdala, Gyrus cinguli), das bei der Erzeugung und Verarbeitung von Emotionen beteiligt ist.

Dass diese Hirnbereiche aktiv sind, ist eher untertrieben, denn tatsächlich arbeiten sie während des Traumschlafs 30 % effektiver als im Wachzustand. Sie sollten also eher als hyperaktiv bezeichnet werden. Aber es gibt auch einen Bereich im Gehirn, der während des Träumens komplett lahmgelegt wird: der präfortale Kortex. Dieser Bereich ist für das rationale Denken und die logische Entscheidungsfindung zuständig.

> **TRÄUME HELFEN UNS!**

Wenn du also träumst, steht dir die Gesamtheit all deiner abgespeicherten Informationen zur Verfügung. Allerdings sind sie nicht wie sonst in Schemata, mit Leitlinien oder sonstigen regelgebenden Strukturen geordnet. Nein, alles ist offen und alles ist möglich. Dadurch ergibt sich ein komplett neuer Blickwinkel und neue Schemata und Verbindungen zwischen den Informationen können entstehen. Es ist, als ob du falschrum durch ein Fernglas schauen würdest. Du schaust während des Träumens durch eine Weitwinkellinse auf die gesamte Konstellation der gespeicherten Informationen und Kombinationsmöglichkeiten, statt wie im Wachzustand sehr fokussiert und kurzsichtig. Auf diesem Wege können Lösungen für vorher scheinbar unlösbare Probleme im Traum entstehen.

Genauso ist es dem russischen Chemiker namens Dmitri Mendelejew ergangen. Er war besessen von der Idee, dass alle Elemente im Universum einer logischen Ordnung unterworfen sein müssten. Er suchte sehr intensiv viele Jahre lang nach einer Lösung, aber er blieb erfolglos. Angeblich fiel er irgendwann nach drei Tagen intensiver Recherche in einen tiefen und langen Schlaf und träumte von einem logischen System, in dem Atommasse und Elektronenkonfiguration aller Elemente in jeder Reihe und jeder Spalte immer größer wurden. Na, weißt du, was hier im Traum erfunden wurde? Genau, das Periodensystem der Elemente.

Let it Be

Auch Künstler:innen berichten von genialen Einfällen im Schlaf: Paul McCartney von den Beatles träumte von den Melodien für „Let it be" oder „Yesterday" und die arme Schriftstellerin Mary Shelley (alb-)träumte die gruselige Geschichte von Frankenstein.

Wäre es nicht genial, wenn wir diese Phase aktiv und gesteuert für uns nutzen könnten?

Thomas Edison wusste um genau diesen Punkt sehr gut Bescheid und nutzte den Traumschlaf als geniale Pause: Er beschäftigte sich zunächst intensiv mit einem Problem, dann setzte er sich in seinen Schreibstuhl, lehnte sich zurück und nahm ein paar Metallkugeln in die Hand. Unter die Hand stellte er einen umgedrehten Metalltopf. Dann schlief er ein. Sobald der Traumschlaf ihn übermannte und die für den Traumschlaf typische Körperlähmung einsetzte, fielen die Kugeln aus seiner Hand auf den Metalltopf, es schepperte tierisch laut und er wurde aus der Traumphase geweckt.

Diesen Zustand zwischen echtem Wachsein und richtigem Schlaf nennt man Schlaftrunkenheit und er dauert nur wenige Minuten an. Das Gehirn ist dann in einem Zustand, der eher dem Schlafen ähnelt als dem Wachsein, und Lösungen kommen schneller, spontaner und kreativer. Träumt man vom Problemgegenstand selbst, dann kann die Problemlösefähigkeit sogar um das zehnfache verbessert werden. Das Sprichwort „Ich schlafe eine Nacht darüber" kommt also nicht von ungefähr.

Träume heilen alle Wunden

In der Therapie kann der Traumschlaf sogar wahre Heilung bewirken, denn während des Träumens wird nicht einfach der Tag reflektiert. Nein, vielmehr werden die starken Gefühle des Tages verarbeitet.

> **ES IST DEMNACH NICHT KORREKT, DASS MAN SAGT: "ZEIT HEILT ALLE WUNDEN." ES MÜSSTE BESSER HEISSEN: "TRÄUME HEILEN ALLE WUNDEN."**

Zur Heilung ist es notwendig, dass man ganz speziell von diesen starken negativen Gefühlen träumt. Dann ist das Gehirn in der Lage, die Erfahrung an sich von den Emotionen zu trennen. Das heißt: Ein Mensch, der einmal einen schlimmen Autounfall hatte, kann sich sehr wohl an den Unfall erinnern, aber empfindet danach nicht mehr die extreme Angst, die er während des Unfalls empfunden hat.

Dr. Rosalind Cartwright stellte eine Reihe von Untersuchungen diesbezüglich an und stellte fest: Der Schlüssel des Traumschlafs liegt in dem Fakt, dass es keinen anderen Zeitpunkt gibt als den Traumschlaf, an dem keinerlei, wirklich null Noradrenalin in unserem Körper zu finden ist. Noradrenalin ist ein stressbezogener, angstauslösender Stoff. Durch diese chemische Ausnahmesituation im Gehirn ist es zu besonderen Leistungen imstande, die es im Wachzustand nicht vollbringen kann. Damit wird deutlich, dass genau wie der Tiefschlaf auch der Traumschlaf unersetzbar für uns ist.

Warum ausgeschlafen gleich erfolgreich ist

Es wird also sehr deutlich, warum erfolgreiche Menschen meist die ausgeschlafenen unter uns sind. Müde Menschen finden weniger und ungenauere Lösungen zu berufsbezogenen Problemen, sind unkreativer in Bezug auf Strategien und Kampagnen, leiden unter Stimmungsschwankungen und können die Stimmung von anderen schlechter erfassen. Und sie haben einfach weniger Bock zu arbeiten, eben weil sie müde sind. Es ist ein Teufelskreis.

Gehst du müde zur Arbeit, kannst du schlechter arbeiten, als wärst du ausgeschlafen. Du benötigst mehr Zeit für deine Aufgaben. Also machst du Überstunden. Da wir aber alle nur

Ausgeschlafen = erfolgreich

24 Stunden jeden Tag zur Verfügung haben, heißt das vermutlich, dass du aufgrund der Mehrarbeit weniger Zeit in deinen Schlaf investieren kannst. Folglich bist du am darauffolgenden Tag noch müder...

Zu guter Letzt wird sich das auch dramatisch auf dein Privatleben auswirken. Oder hast du gerne Freund:innen oder Partner:innen mit Stimmungsschwankungen und einem Hang zu Aggressivität?

AUSGESCHLAFENE MENSCHEN ZEICHNEN SICH AUS DURCH KREATIVITÄT, INTELLIGENZ, LEISTUNGSBEREITSCHAFT, EFFIZIENZ, EHRLICHKEIT, EFFEKTIVITÄT IN DER GRUPPE UND EMOTIONALE STABILITÄT UND DARAUS FOLGENDE GUTE ZWISCHENMENSCHLICHE FÄHIGKEITEN.

Klingt das nicht viel eher nach einem Traumpartner oder einer super Mitarbeiterin?

Gute Führungskräfte wissen über das wichtige Thema Schlaf Bescheid und geben dieses Wissen an ihre Mitarbeitenden weiter. Große Unternehmen, wie etwa Nike und Google, haben sogar „Mittagsschlafräume" eingerichtet. Wenn das nichts ist: länger schlafen und trotzdem mehr Kohle!

Was kannst du tun, um besser zu schlafen?

Jeder Mensch besitzt eine von allen anderen Dingen unabhängige innere 24-Stunden-Uhr. Dieser Taktgeber schlägt allerdings nicht exakt alle 24 Stunden, sondern ca. nach 24 Stunden und 15 Minuten. Um diese endogene zirkadiane Uhr nun auf unseren 24-Stunden-Rhythmus zu justieren, können wir eines der zuverlässigsten Dinge auf unserer Erde nutzen: das Sonnenlicht.

Gehst du am Morgen oder am Vormittag eine Runde spazieren, dann nimmst du eine wunderbare Blaulichtdusche. Über die Netzhaut deiner (auch geschlossenen) Augen

Blaulicht-Dusche

wird dieses Licht empfangen, welches dann über die Sehnerven an den suprachiasmatischen Nucleus geleitet wird. Dieser Teil deines Gehirns ist klitzeklein (so groß wie zwei Reiskörner), aber oho! Denn er bestimmt über wach oder müde. Empfängt er das Signal, dass es hell ist, bremst er die Melatoninproduktion und die Organe und Prozesse in deinem Körper werden auf Wach- und Aufmerksamsein eingestellt. Wird es hingegen dunkel, dann gibt der suprachiasmatische Nucleus das Startsignal, dass es Zeit zum Schlafen ist: Der Melatoninspiegel steigt und der Körper richtet sich aufs Schlafengehen ein. Melatonin ist somit der wichtigste Botenstoff, der unseren Wach-Schlaf-Rhythmus steuert.

Allerdings hast du es in der Hand, wann es auf der Netzhaut deiner Augen hell und wann es dunkel ist. Du bestimmst, wann du deine Lichter am Abend in der Wohnung ausmachst und sich dein Körper auf den Schlaf einstellen kann. Die Lichtrezeptoren im Auge reagieren besonders empfindlich auf das blaue kurzwellige Licht von LEDs. Somit sind die Bildschirme von Tablets und Smartphones, die nun wirklich direkt in unsere Augen scheinen, am Abend ungünstig für die Melatoninfreisetzung und deinen Schlaf.

Eine Studie zeigt diesen Zusammenhang deutlich: Bei Leuten, die am Abend vor dem Schlafengehen ein Buch auf dem iPad statt in gedruckter Form lesen, wird die Melatoninfreisetzung um 50 % unterdrückt und der Anstieg des Melatoninspiegels um drei Stunden verzögert. Folglich schliefen die iPad-Nutzer:innen viel später ein, sie hatten deutlich weniger Traumschlaf und waren am darauffolgenden Tag viel müder als diejenigen, die das Buch in Papierformat lasen. Auch mehrere Abende später war die Melatoninfreisetzung um bis zu 90 Minuten verschoben. Sie hatten einen digitalen Kater.

Eine Möglichkeit, seine Augen am Abend vor dem Licht zu schützen, besteht darin, sogenannte Blaulichtfilterbrillen zu tragen oder auch den Blaulichtfilter deiner elektrischen Geräte zu aktivieren. Konsequenter wäre es, zwei oder besser drei Stunden, bevor du schlafen gehen möchtest, dein Handy und dein Tablet wegzulegen und, ganz wortwörtlich gemeint, ein Candlelight-Dinner zu genießen. Geh also bewusst mit der größten Stellschraube beim Schlaf um und nutze das Licht gezielt, um dich wach bzw. müde zu machen und somit von all den Vorzügen des Schlafs zu profitieren.

Übrigens unterdrückt Alkohol den REM-Schlaf wie kaum etwas anderes. Sogar bei mäßigem Alkoholkonsum am Nachmittag stellt sich kein Traumschlaf ein! Und wie wichtig der Traumschlaf für uns ist, hatten wir ja bereits besprochen.

Alkohol unterdrückt den REM-Schlaf

DER ZWEITE WICHTIGE PUNKT FÜR EINEN OPTIMALEN SCHLAF IST DIE REGELMÄSSIGKEIT.

Der Mensch ist ein Gewohnheitstier und das gilt auch für den Schlaf. Wenn du montags bis freitags gegen 7 Uhr aufstehst und um 23 Uhr ins Bett gehst, dann solltest du das auch am Wochenende tun. Ich finde, das ist einer der schwierigsten Punkte. Aber tust du das nicht, verpasst du deinem Körper einen sozialen Jetlag. Du warst bestimmt schon einmal in einer anderen Zeitzone und weißt, wie sich das anfühlt. Im Allgemeinen kann sich der Körper pro Tag in einer anderen Zeitzone eine Stunde anpassen. Hier mahlen die Mühlen also besonders langsam. Studien zeigen, dass die Bereiche des Gehirns, die für das Lernen und Erinnern zuständig sind, bei Flugbegleiter:innen kleiner werden und sie vergesslicher sind. Auch bei Schichtarbeiter:innen konnte ein deutlich erhöhtes Risiko für Krebs und Diabetes aufgezeigt werden.

Diese Tatsachen lassen uns vermuten, was mit unserem Körper passieren kann, wenn wir regelmäßig unregelmäßig ins Bett gehen, weil wir unbedingt als Letzte auf der Tanzfläche sein wollten oder nur noch eine und dann noch eine und noch eine Serie auf Netflix schauen wollten. Ist es allerdings unabdingbar, dass du mal etwas früher raus musst oder länger wach bleiben möchtest als sonst, dann kannst du im Vorfeld per Lichteinfluss deine innere Uhr etwas vor- bzw. zurückdrehen. Um abends länger wach zu bleiben, kann auch mal ein ausnahmsweise ausgiebiger Mittagsschlaf von ca. 90 Minuten helfen.

Von Eulen und Lerchen

Aber ist es nicht auch komisch, dass es Menschen gibt, die sowieso abends länger wach bleiben können als andere? Der Grund dafür liegt in unserer Genetik. Sogenannte Lerchen, die Morgenmenschen, stehen ohne Probleme früh auf, werden am Abend aber auch wieder früh müde. Ungefähr 40 % der Menschen sind von Natur aus Frühaufsteher:innen. 30 % hingegen zählen eher zu den Eulen, den Abendmenschen. Sie schlafen morgens gerne länger und sind

Morgenmuffel?

dementsprechend abends erst später im Bett. Von Natur aus bin ich definitiv eine Eule. Ich schlafe morgens gerne lange, bin ein typischer Morgenmuffel und am Abend ist meine persönliche Primetime. Hier habe ich das Gefühl, ich könnte Bäume ausreißen und die Welt retten.

Lerche?

Für erfolgreiche Menschen ist es sehr wichtig zu wissen, welchem Typ sie angehören. Bist du eine Lerche, dann solltest du dir deine wichtigen Termine und Aufgaben mit hoher Priorisierung, die dir alles abverlangen, auf den Morgen legen. In Verhandlungen oder entscheidenden Gesprächen kannst du zu dieser Uhrzeit am besten punkten. Vor allem, wenn dein Verhandlungsgegenüber eine Eule ist und sich quasi noch im Halbschlaf befindet. Aufgaben, bei denen du dich nicht so stark konzentrieren musst oder deine Aufmerksamkeit weniger stark gefordert wird, lege dir eher auf den Nachmittag. Bist du jedoch eine Eule, dann solltest du dir die wichtigen Aufgaben und Termine ganz klar erst auf den Nachmittag legen. Denn erst dann bist du hellwach und dein Auffassungsvermögen arbeitet auf Hochtouren. Als Eule solltest du am Morgen als Erstes die 08/15-Aufgaben erledigen.

Schlafhygiene

Neben der Unregelmäßigkeit und dem Licht gibt es natürlich viele weitere Dinge, die dein Schlafverhalten positiv bzw. negativ beeinflussen. Wissenschaftler haben dazu die sogenannte Schlafhygiene-Regeln entwickelt. Kurz zusammengefasst lauten sie: Nimm weder Kaffee, Koffein (Achtung bei Cola, Energiedrinks etc.) oder Nikotin zu dir, denn sie verzögern, dass du müde wirst. Kein Alkohol, denn dadurch schläfst du nicht fest genug und dein Traumschlaf wird unterdrückt. Iss und trink nicht zu viel am Abend, damit dein Körper sich in der Nacht ausruhen kann, statt mit der Verdauung beschäftigt zu sein. Plane am Abend ein Ritual ein, das dir hilft, zur Ruhe zu kommen, z. B. ein Buch lesen oder baden.

DADURCH KANNST DU DEINEM KÖRPER AUCH BEIBRINGEN, DASS ES ZEIT IST, SICH AUF DEN SCHLAF VORZUBEREITEN.

Dein Schlafzimmer sollte gemütlich sein, am besten *ohne* Schreibtisch, sodass es ein Raum nur zum Schlafen ist. Es sollte gut durchlüftet, kühl (18 °C), ruhig und verdunkelbar sein. Im Schlafzimmer sollte am besten *keine* Technik vorhanden sein, vor allem kein Handy!

Du siehst, es ist also kein Ding der Unmöglichkeit, dir Gewohnheiten anzueignen, die dir helfen, dass du tiefer und länger schläfst. Das Beste daran ist: Du musst auf fast nichts verzichten, sondern du darfst und solltest sogar länger schlafen! Aus gesundem und ausreichendem Schlaf wirst du so viel Profit für dich selbst schlagen können, dass du auf diesem Wege ein zufriedenes und vor allem gesundes Leben führen kannst.

Also, mach Schlaf zu deiner Priorität, um im Schlaf eine super Basis für deinen Erfolg zu legen.

ZAHLENWERT

Eule oder Lerche? Wann kannst du was besonders gut?

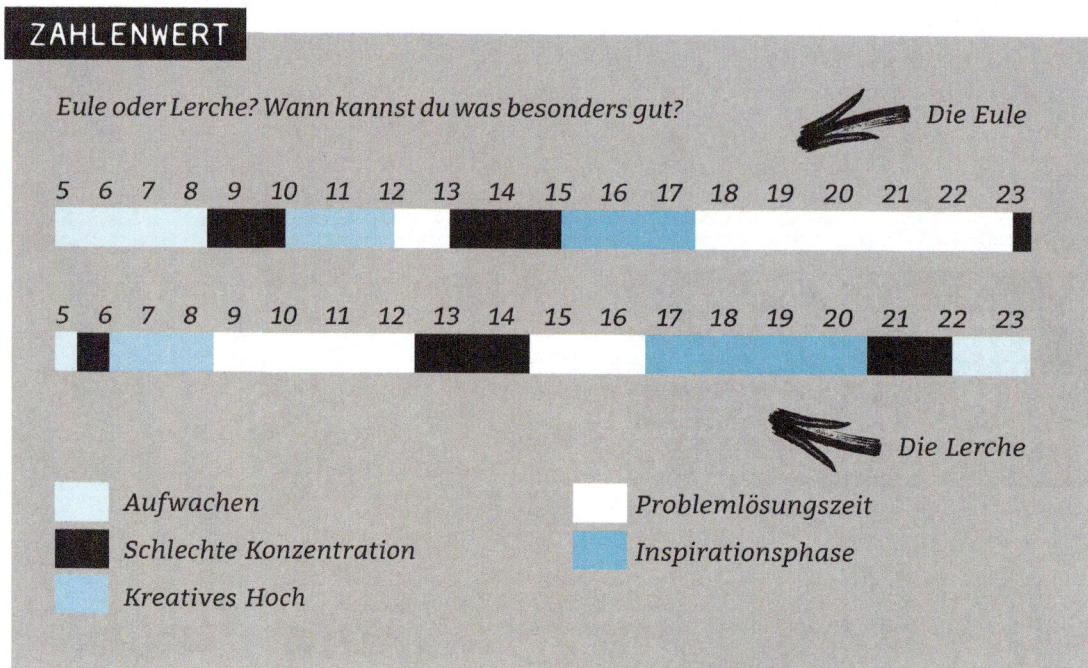

→ Die Eule

← Die Lerche

- Aufwachen
- Schlechte Konzentration
- Kreatives Hoch
- Problemlösungszeit
- Inspirationsphase

WISSENSWERT

→ Bist du Eule oder Lerche? Bestimme deinen eigenen **Chronotypen**.

UMSETZENSWERT

→ Erstelle dir **deine 24-Stunden-Uhr.** Wann solltest du welche Aufgaben erledigen, um das Optimum rauszuholen? Beginne damit, deine **Schlafenszeit** einzutragen, dann strukturiere deinen Tag in möglichst 90-minütigen Blöcke. Achte dabei auf deine verschiedenen **Hochphasen** und baue dir nach jedem 90-Minuten-Block mindestens 5 Minuten **Pause** ein! Plane deine Essenszeiten und deine Zeiten für Sport ein. Diese Uhr sollte jeden deiner Tage grob strukturieren, also auch am Wochenende (dann möglichst ohne Arbeitszeiten).

ALLES FÜR DICH

Träume Heilen Wunden

— SCHLAF GUT.

FÜR UNTERWEGS

Dein Team

DU BIST IMMER NUR SO STARK WIE DEIN TEAM. WER IST AN DEINER SEITE? WIE KÖNNT IHR DIE SCHÖNEN STRECKEN GEMEINSAM GENIESSEN UND EUCH AUCH DEN HERAUSFORDERNDEN ABSCHNITTEN STELLEN?

CHARLOTTE QUIK

ist Landtagsabgeordnete des Landes NRW und stellv. Vorsitzende des Ausschusses für Familie, Kinder und Jugend. Sie liebt das Familien- und Landleben mit drei Generationen unter einem Dach und kann ohne gutes Buch nicht einschlafen.

Familie

WIE DU STÄRKE AUS DIESEM UNVERMEIDBAREN NETZWERK ZIEHST

In diesem Kapitel soll es um das Thema Familie gehen. Vielleicht fragst du dich, warum ich über ein Thema schreiben möchte, das so alltäglich erscheint: Familie ist halt da, möchte man meinen – was gibt es dazu groß zu sagen? Um diese Frage zu beantworten, werfe ich einen kurzen Blick zurück. Mit 15, 16, 17 fand ich meine Familie ziemlich uncool, meine Eltern anstrengend, meine Schwestern nervig. Der Einzige, an dem ich mit unverbrüchlicher Liebe hing, war mein Opa. Grundsätzlich war die Zeit, die ich nicht mit meiner Familie verbringen musste, gute Zeit. Natürlich ist es in dieser Lebensphase ziemlich normal, sich von seiner Familie abzugrenzen und zunehmend autonom unterwegs zu sein – und doch bedauere ich in der Rückschau mein Verhalten und meinen Umgang mit meiner Familie an vielen Stellen. Denn heute weiß ich:

DIE BASIS, DAS NETZ, DAS FUNDAMENT FÜR ALLES, WAS DU VORHAST IN DEINEM LEBEN, DAS IST DEINE FAMILIE.

Warum Familie mir wichtig ist

Heute lebe ich mit meinem Mann, unseren beiden Kindern und meinen Eltern in einem Mehrgenerationenhaushalt auf dem Land, auf einem ehemaligen Bauernhof, mit Katzen und Ponys im Stall und Sandkasten und Klettergerüst im Garten. Also genau so, wie ich es mir als Jugendliche niemals hätte vorstellen können. Und ich liebe dieses Leben und wünsche mir nichts anderes! Davon abgesehen ist es auch einzig dieses Familienmodell, das es sowohl meinem Mann als auch mir ermöglicht, in Vollzeit berufstätig zu sein, ohne überdurchschnittlich viel Fremdbetreuung für unsere Kinder in Anspruch nehmen zu müssen. Die Vereinbarkeit von Familie und Beruf und das geborgene Aufwachsen unserer Kinder wird uns nur durch die Unterstützung unserer Familie ermöglicht.

Was Jugendlichen heute wichtig ist

Laut der 18. Shell-Jugendstudie von 2019 könnte dir mein gerade beschriebenes Lebensmodell gar nicht so abwegig vorkommen wie mir als Jugendlicher. Denn diese Studie zeigt, dass Familie und Beziehungen die zentralen Orientierungspunkte sind, nach denen die Jugendlichen ihr Leben ausrichten wollen. Diese Anker wünschen sich fast alle heutigen Jugendlichen für ihr Leben. Sie sind ihnen offensichtlich deutlich wichtiger als „Eigenverantwortlichkeit" (89 %) und „Unabhängigkeit" (83 %) – und das in einer Lebensphase, in der man sich in besonderer Weise nach Autonomie sehnt. Das könnte auch damit zusammenhängen, dass deine Generation ganz überwiegend positiv auf die eigenen Eltern blickt: So bewerten 42 % der befragten Jugendlichen ihr Verhältnis zu den Eltern als „bestens" und 50 % als „gut". Nur 7 % sehen es negativ. Auch die Erziehung, die ihr durch eure Eltern erfahrt, scheint positiv gesehen zu werden: Neben 16 % der Studienteilnehmer:innen, die ihre Kinder „genauso" erziehen würden, wie sie selbst erzogen wurden, würde die große Mehrheit von 58 % es „ungefähr so" machen.

Familie ist alles

Auch der eigene Kinderwunsch ist eine Konstante, die deutlich macht, wie wichtig jungen Menschen heute eine Familie ist: Über alle Shell-Jugendstudien von 2002 bis 2019 hinweg liegt dieser Wert deutlich über 60 %. 2019 wünscht sich ein Anteil von 68 % der Jugendlichen später Kinder. Und deine

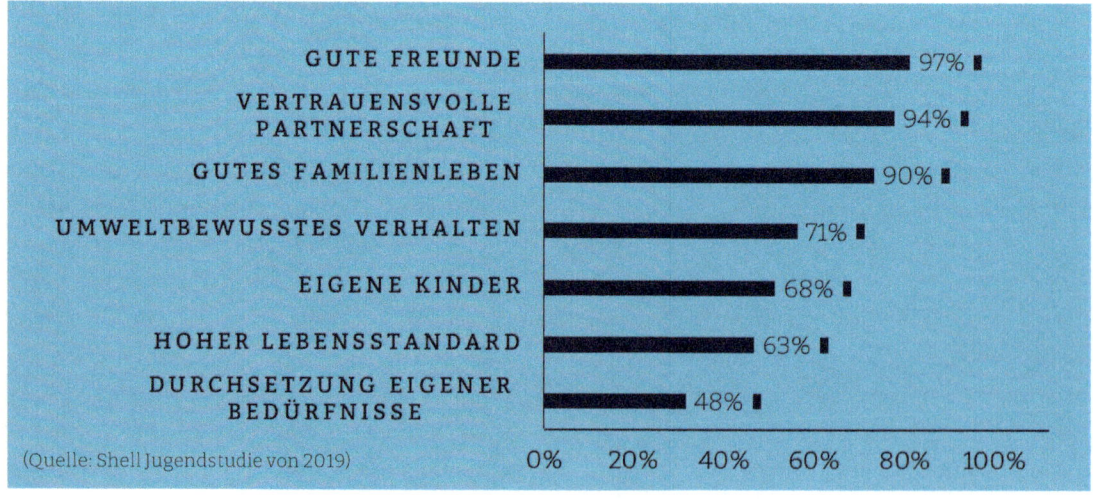

(Quelle: Shell Jugendstudie von 2019)

Generation definiert Familie und Beziehungen als wichtigste Themen: „Gute Freunde" sind mit 97 % Spitzenreiter, dicht gefolgt von „Vertrauensvolle Partnerschaft" (94 %) und „Gutes Familienleben" (90 %). Weit danach folgen erst „Umweltbewusstes Verhalten" (71 %), „Hoher Lebensstandard" (63 %) und „Durchsetzung eigener Bedürfnisse" (48 %). All diese Befunde sprechen dafür, dass du jetzt schon weißt, was mir erst später klar wurde: Familie ist alles.

Wenn es in der Familie nicht gut läuft

Gar keine Frage, es gibt dysfunktionale Familienstrukturen, die das genaue Gegenteil von dem sind, was ich oben beschrieben habe. Wenn Familie kein sicherer Ort ist, an dem du geschützt, geborgen und gut aufgehoben bist und gestärkt wirst, dann fühlt sich das nicht gut an. Ganz wichtig ist für dich zu wissen: Du hast keine Schuld an dieser Situation! Die Verantwortung liegt immer bei den Erwachsenen und es ist nicht deine Aufgabe, diese zu übernehmen.

Ebenso wichtig ist zu wissen: Du kannst dir Hilfe holen! Du kannst Menschen in deinem Umfeld ansprechen, denen du vertraust. Falls du das nicht kannst oder möchtest, gibt es ein gut ausgebautes Netz von Beratungsstellen auch mit mobilen Angeboten, an die du dich wenden kannst – eine Internetrecherche liefert schnell entsprechende Kontakte. Sehr ans Herz legen möchte ich dir die „Nummer gegen Kummer", das größte kostenfreie telefonische Beratungsangebot für Kinder, Jugendliche und Eltern in Deutschland. Nähere Infos dazu findest du unter **www.nummergegenkummer.de**, das Kinder- und Jugendtelefon erreichst du kostenlos unter der **116 111**.

Und für die Zukunft solltest du wissen: Diese Familienstruktur ist kein Schicksal! Auch wenn deine Kindheit und Jugend dadurch geprägt waren und sind, hast du die Chance, dein späteres Leben mit deiner eigenen Familie genau so zu leben, wie du es möchtest, geprägt von Liebe, Vertrauen und Zugewandtheit.

> **DU HAST ES IN DER HAND, DAS NEGATIVE ZU ÜBERWINDEN UND ETWAS POSITIVES DARAUS ZU MACHEN.**

Was kannst du jetzt schon tun?

Wenn wir aber nun davon ausgehen, dass du in einer „ganz normalen" Familie zu Hause bist mit all den Höhen und Tiefen, die der Familienalltag so mit sich bringt: Was heißt die große Wertschätzung für Familie allgemein und als gewünschte Zukunftsperspektive denn nun für dein derzeitiges Leben in deiner Familie? Dass ein liebevoller und zugewandter Umgang miteinander in den alltäglichen Anforderungen auch mal untergehen kann, das kennen wir alle. Und das ist, solange die Basis stimmt, auch gar kein Problem.

Grundsätzlich gilt wie in allen Lebenslagen auch in der Familie, dass du selbst durch dein Verhalten das Miteinander entscheidend mitgestalten kannst. Gehst du positiv und aufgeschlossen mit den übrigen Familienmitgliedern um, und zwar insbesondere in den Momenten, in denen sie es scheinbar so gar nicht verdient haben, trägt das zu einer positiven Grundstimmung in deiner Familie bei, in der sich alle gut aufgehoben fühlen können.

Genauso wichtig ist es, die Grenzen der anderen Familienmitglieder zu akzeptieren und zu respektieren: „Deine Freiheit endet dort, wo die des anderen beginnt" (frei nach Immanuel Kant). Das gilt in allen Lebensbereichen, in denen man es mit einem Gegenüber zu tun hat – und in der Familie ganz besonders, weil die Grenzen dort durch die gegenseitige Nähe vielleicht enger gesteckt, aber gerade deswegen erst recht zu respektieren sind. Das bezieht sich auf die ganz einfachen Dinge im Alltag: Wenn es für deine Schwester nicht okay ist, dass du ins Bad platzt, dann hast du das zu akzeptieren. Andersherum muss dann für sie gelten, das Bad nicht länger als nötig zu blockieren, wenn du es eilig hast. Und dieses einfache Beispiel lässt sich auf viele weitere, auch komplexe Situationen übertragen: Leben und leben lassen ist eine ziemlich einfache Formel für das gemeinsame Leben auch und gerade in der Familie.

Leben und leben lassen

Umgang mit schwierigen Eltern ...

Im Folgenden werfen wir gemeinsam einen Blick auf die einzelnen Familienmitglieder. Gerade Eltern werden ja ab einem gewissen Alter „schwierig", aber auch der Umgang mit Geschwistern gleicht oft einer Achterbahnfahrt. Und dann gibt es vielleicht noch Großeltern, Tanten, Onkel, Cousinen und Cousins – allesamt gehören sie zu deiner Familie! Der Einfachheit halber betrachten wir an dieser Stelle nur verwandtschaftliche Verhältnisse. Natürlich gibt es auch Beziehungen familiärer Natur, die nicht durch eine tatsächliche Verwandtschaft gekennzeichnet sind, etwa zu Pat:innen. Sie alle sollen einbezogen sein, ohne hier explizit benannt zu werden.

Beginnen wir mit den Eltern. Die erste und wichtigste Aussage, die man über Eltern treffen kann, lautet: Eltern lieben ihre Kinder. Ein gerade für Geburtsanzeigen oft genutztes Zitat der amerikanischen Schriftstellerin Elisabeth Stone trifft den Nagel auf den Kopf: „Die Entscheidung, ein Kind zu haben, ist von großer Tragweite. Denn man beschließt für alle Zeit, dass das Herz außerhalb des Körpers herumläuft." Genauso ist es, das kann ich bestätigen, seitdem ich Mama bin. Diese Liebe bedingt, dass Eltern grundsätzlich das Beste für ihre Kinder wollen. Ob sich das für die Kinder dann aber auch nach dem Besten anfühlt, das sei dahingestellt und ist vermutlich die Krux an der Sache.

Insofern möchte ich bei dir zunächst um Verständnis werben für das Handeln deiner Eltern. Was immer sie tun und wie reglementiert du dich dadurch auch fühlst: Sie tun es aus der liebevollen Überzeugung heraus, dass es so für dich gut und richtig ist. Elternschaft bedeutet immer auch, seinem Kind einen Rahmen zu geben. Ein Kind, das alles darf, was es will, weiß nicht, was es soll, und wird zutiefst verunsichert. Insofern ist es definitiv die Aufgabe von Eltern, Grenzen festzulegen und diese im Laufe der Jahre anzupassen und zu erweitern. Innerhalb dieses Rahmens sollen Kinder alle Möglichkeiten haben, eigenständige Entscheidungen zu treffen, kreativ zu sein und zu lernen.

ELTERN MÜSSEN LERNEN, MEHR UND MEHR LOSZULASSEN, UND DAS IST OFT GAR NICHT SO EINFACH.

Du kannst deine Eltern bei diesem Prozess unterstützen, gerade jetzt in einer Lebensphase, in der du mehr und mehr auf eigenen Beinen stehst: Wenn deine Eltern wissen, dass sie dir vertrauen können und du verantwortungsvoll mit deiner Freiheit umgehst, fällt das Loslassen leichter.

Ganz klar, deine Eltern haben dir nicht vorzuschreiben, mit wem du befreundet bist, wen du liebst oder was du beruflich machen möchtest, um mal einige der großen Lebensbereiche zu nennen. Bei mir war es z. B. so,

Rückhalt der Familie

dass ich auf Druck meiner Eltern („Was soll aus dem Kind bloß werden ...?") ein Jurastudium begonnen habe, durch das ich mich vier Semester gequält habe. Dabei wusste ich von Anfang an, dass das gar nichts für mich ist. Es hat mich viel Energie gekostet, die Entscheidung für ein anderes, weniger handfestes Studienfach zu treffen, und diese Entscheidung stieß bei meinen Eltern auch auf wenig Gegenliebe. Heute (also einen erfolgreichen Studienabschluss und einen gelungenen Berufseinstieg später) sagen meine Eltern sehr deutlich, dass sie für mich damals einen falschen Weg vor Augen hatten, und sie bedauern, dass sie mir das Leben an der Stelle so schwer gemacht haben.

Und ich bedauere, dass ich meinen Standpunkt damals nicht wesentlich deutlicher gemacht und mich nicht klarer für meine Bedürfnisse und das, was ich für mich für richtig hielt, eingesetzt habe. Dieses Beispiel zeigt aber, worauf es in solchen Situationen ankommt: miteinander reden! Wenn deine Eltern wissen, was dich umtreibt, und umgekehrt, ist es viel leichter, Verständnis füreinander zu entwickeln und miteinander den richtigen Weg zu gehen.

Und wenn es dir bei allem Reden nicht gelingt, deine Eltern davon zu überzeugen, dass der Weg, den du eingeschlagen hast, gut und richtig für dich ist, dann lohnt es sich, auch ihre Argumente noch einmal von allen Seiten zu prüfen. Manchmal haben Eltern aufgrund ihrer Lebenserfahrung durchaus recht mit ihrer Skepsis. Sie sind in aller Regel geleitet von dem Wunsch, dir potenziell Negatives zu ersparen. Du musst für dich entscheiden, ob du die möglicherweise auch negative Erfahrung selbst machen möchtest. Wichtig ist, dass du dir bei allem, was du tust, der Unterstützung und des Rückhalts deiner Familie sicher sein kannst. Dann lassen sich auch steinige Wege erfolgreich meistern.

Ruf an

Großeltern ...

Was bei Eltern etwas komplexer ist, gestaltet sich bei Großeltern ganz einfach. Wenn du das Glück hast, deine Großeltern kennengelernt zu haben, dann weißt du: Es gibt kaum jemanden, der dich so bedingungslos liebt und der für dich so untrennbar mit deiner Kindheit verbunden ist wie Oma und Opa. Und damit ist das Rezept für die Gegenwart klar: Versuche, deinen Großeltern die wunderbaren Momente und die Liebe zurückzugeben. Schenke ihnen Zeit und höre ihnen zu. Nimm einfach mal das Telefon in die Hand und ruf sie an. Profitiere von ihrem Erfahrungsschatz und sei nicht genervt, wenn du zum x-ten Mal um digitalen Support gebeten wirst. Die Zeit mit deinen Großeltern ist endlich, nutze sie so gut wie möglich!

Geschwistern ....

Zur Beziehung zwischen Geschwistern könnte man ohne Probleme ein ganzes Buch schreiben. Vielleicht sind deine Geschwister deine besten Freund:innen, vielleicht deine größten Rival:innen oder irgendetwas dazwischen. Obwohl es Phasen gab, in denen ich meine Schwestern am liebsten auf den Mond geschossen hätte, weiß ich heute, dass es sich lohnt, in diese Beziehung, die so selbstverständlich erscheint, zu investieren. Denn mit deinen Geschwistern teilst du Familienstrukturen, Kindheitserinnerungen und sehr wahrscheinlich ein ähnliches Werteverständnis. Das erscheint in Lebenszeiten, in denen man gemeinsam in der Familie lebt, als total normal und wird im weiteren Verlauf des Lebens, wenn sich die Lebenswege zumindest räumlich trennen, immer wertvoller.

Das soll nicht heißen, dass du ab jetzt jeden Konflikt mit deinen Geschwistern vermeiden sollst. Im Gegenteil, gerade die Auseinandersetzungen innerhalb des geschützten Raums der Familie bereiten uns ganz gut auf das vor, was „im echten Leben" auf uns wartet. Aber wichtig ist, dass diese Konflikte fair ausgetragen werden und es immer wieder auch Situationen gibt, in denen gegenseitige Wertschätzung zu spüren ist. Dann ist das eine gute Basis für eine Geschwisterbeziehung, die ein ganzes Leben lang trägt und Halt gibt.

... und allen anderen

Und dann gibt es noch Tanten, Onkel, Cousinen, Cousins ... Es ist ziemlich normal, dass man nicht zu allen einen engen Draht hat, im Zweifel alleine schon durch räumliche Entfernung. Was ich dir aber mit auf den Weg geben möchte, ist Folgendes:

ES IST SUPER WERTVOLL, AUCH ÜBER ENTFERNUNGEN UND LEBENSALTER HINWEG KONTAKT ZUR FAMILIE ZU HALTEN.

Vielleicht gibt es regelmäßige Anlässe, sich zu sehen. Auch wenn es vielleicht im ersten Moment uncool wirkt: Sei dabei! Familiäres Zusammengehörigkeitsgefühl lässt sich durch nichts ersetzen. Und vielleicht inspirieren diese Zeilen ja genau dich dazu, eine Messenger-Gruppe für die Großfamilie zu gründen, wenn es sie noch nicht gibt!

Seid lieb zueinander!

Das Ende eines Kapitels bietet immer an, das Gesagte noch einmal zusammenzufassen. Das kann ich an dieser Stelle in aller Kürze tun, denn meine Botschaft in Sachen Familie lässt sich auf eine ganz einfache Formel bringen: Seid lieb zueinander. Denn wir haben nur uns und das sollten wir zu schätzen wissen!

UMSETZENSWERT

➤ Hast du einen Überblick, wer alles zu deiner Familie (über Eltern und Geschwister hinaus) gehört? Falls nicht, könnte es spannend sein, einen **Stammbaum** zu **erstellen** und ein paar Details über deine Verwandten und Vorfahren zu erfahren.

ERWÄHNENSWERT

➤ Falls es in der Familie mal gar nicht läuft und du jemanden zum Reden brauchst, erreichst du die **Nummer gegen Kummer** direkt hier. Vielleicht ist das ja auch mal für jemanden aus deinem Freundeskreis wichtig, dann gerne weitersagen.

NACHDENKENSWERT

➤ Was bedeutet dir deine Familie?

➤ Zu wem aus deiner Familie hast du das **engste Verhältnis**?

➤ Wie zeigst du dieser Person, wie **wertvoll** sie für dich ist?

➤ Was möchtest du konkret tun, um euer **Miteinander** in der Familie in der nächsten Woche zu **verbessern**?

DR. SUNG HAN

Facharzt für Kinder- und Jugendpsychiatrie und -psychotherapie in eigener Praxis, ist ein gut gelaunter Globetrotter und sucht stets nach inspirierenden Menschen und Herausforderungen.

Freundschaft

WIE DU DIE RICHTIGEN WEGBEGLEITER:INNEN WÄHLST

Während der prägendsten Jahre meiner Jugend sah ich meine Eltern nur selten: Ich kam nach der Schule nach Hause, keiner da. Den ganzen Nachmittag: keiner da. Abends hat mir mein Vater nur schnell das Essen aufgewärmt, dann musste er wieder an seine Arbeit, also war wieder keiner da. Meine Schwester sah ich noch seltener, da sie Leistungssport machte. Wenn sich ein Familienmitglied für diesen Weg entscheidet, muss die komplette Familie das unterstützen, anders ist es nicht möglich. Also fuhren meine Eltern täglich mit meiner Schwester sofort nach der Schule von Aachen nach Dortmund, um sie zum Training zu bringen. Warteten da stundenlang auf sie und brachten sie am Abend wieder nach Hause. Ich war größtenteils auf mich allein gestellt. Deswegen waren in diesen Jahren meine Freunde quasi meine Ersatzfamilie.

Warum Freundschaften das größte Glück sind

Bis heute bedeuten tragende, erfüllte, wertvolle Freundschaften für mich das größte Glück. Was nützt dir alles Glück auf der Welt, wenn du niemanden hast, mit dem du es teilen kannst? Deine Freundschaften haben sogar Auswirkungen auf deine Gesundheit! Manche investieren sehr viel in Ernährung oder körperliche Fitness: Sie laufen und

pumpen stundenlang und geben viel Geld für das neueste Equipment oder das Fitnessstudio aus. Falls du nicht gerne rohes Gemüse isst oder Sportjunkie sein möchtest:

Es gibt noch einen Plan B, um dein Leben zu verlängern: Freundschaften! Studien zeigen, dass sich dein Leben um mehrere Jahre verlängern kann, wenn du mindestens eine sehr gute Beziehung in deinem Leben pflegst. Laut einigen Studien haben Freund:innen sogar einen größeren Effekt auf die Lebenszeitverlängerung und deine körperliche und geistige Gesundheit als zum Beispiel Sport und gesunde Ernährung. Dabei zählt nicht die Anzahl, wie sie oftmals in Facebook und in anderen sozialen Medien dargestellt wird, sondern persönliche, qualitativ hochwertige Beziehungen.

Du siehst: Freund:innen sind super wichtig für ein glückliches und erfolgreiches Leben. Daher will ich dir in diesem Kapitel einige persönliche Tipps und Erkenntnisse mitgeben, die ich für absolut wichtig halte, um tragende und tiefgreifende Freundschaften aufzubauen und zu erhalten.

Wähle die Besten!

Mein Vater hat mir oftmals die Geschichte des Kohlekumpels erzählt. Er mag noch so tüchtig sein und gute Vorsätze haben, sich nicht schmutzig zu machen, doch seine

Kohlekumpel

Umgebung ist der Bergbau. Wenn er ins Bergwerk hinabsteigt, wird er auch immer schwarz gefärbt zurückkommen, weil seine Umgebung auf ihn abfärbt, ob er will oder nicht. Und so färben auch die Leute, mit denen du dich umgibst, auf dich ab. Sie werden dich bewusst oder unbewusst prägen, in guter, aber auch in schlechter Art und Weise.

DIE FREUND:INNEN, MIT DENEN DU DICH UMGIBST, BAUEN DICH ENTWEDER AUF ODER ZIEHEN DICH RUNTER.

Das sehe ich täglich in meiner Arbeit als Kinder- und Jugendpsychiater. Ich sehe hoch talentierte Jugendliche vor mir, die einfach an die falschen Leute geraten sind, angefangen haben zu trinken, zu kiffen, die Schule zu schwänzen und ihre Talente und Träume vergessen haben.

Deshalb rate ich dir: Wähle die Besten! Die Entscheidung für Freund:innen ist eine der fundamentalsten Entscheidungen in deinem Leben, denn sie kann alles beeinflussen.

Setze deine Freund:innen auf deine Prioritätenliste!

Kennst du das auch? Du bist gerade mitten in ein Spiel vertieft und dann kommen deine Eltern rein und nerven, ob du deine Hausaufgaben schon gemacht hast oder du nicht lieber lernen oder aufräumen solltest. Ich kenne diese Diskussion sehr gut, denn in meiner Jugendzeit verbrachte ich sehr viel Zeit mit Zeichentrickserien und Computerspielen. Für die Schule lernen und zum Beispiel Klavier üben standen bei mir nicht so hoch im Kurs. Klar beteuerte ich, dass mir meine Bildung und Zukunft nicht egal sei, aber diese Beteuerungen zogen bei meinen Eltern nicht so richtig. Daraufhin

Zwei Blätter

konfrontierte mich mein Vater mit folgenden Aufgaben:

- Erstelle eine Tabelle über eine typische Woche. Trage da möglichst genau ein, was du wann machst.
- Schreibe die sechs Dinge auf, die dir am wichtigsten sind.

Diese beiden Zettel sollte ich mir aufhängen und ehrlich hinterfragen: Stimmt die Reihenfolge meiner Prioritäten mit der Reihenfolge meines Zeitinvestments überein? Wieviel Zeit investiere ich in die Dinge, die für mich die größte Bedeutung haben?

Peinlicherweise musste ich mir eingestehen, dass ich genau das Gegenteil tat. Mediennutzung kam in meiner Prioritätenliste gar nicht vor. Aber schockierenderweise nahm sie in meinem Zeitplan eine enorme, um ehrlich zu sein sogar die größte Menge an Zeit ein. Die Erklärung, dass ich gerne mit Freunden zusammen zockte und daher in dieser Zeit meine sozialen Bindungen vertiefte, fühlte sich plötzlich wie eine billige Ausrede an. Das war für mich ein sprichwörtlicher Augenöffner!

In vielen Gesprächen mit Jugendlichen, die ich täglich führe, höre ich, dass in ihrem hektischen Wochenalltag kaum noch Zeit für Freundschaften bleibt. Schule, Hausaufgaben, die Eltern wollen ständig was, Hobbys, viele Termine, ständig mit irgendwas beschäftigt. Wenn mal Zeit übrigbleibt, dann kann ich mich ja bei meinen Freund:innen melden. Die schlechte Nachricht ist: Wenn du jetzt schon keine Zeit dafür hast, wird es später nicht besser. Frag mal deine berufstätigen Eltern, wie oft und wie viel Zeit sie noch in Freundschaften investieren können.

FREUNDSCHAFT ZUR PRIORITÄT ZU MACHEN HEISST, DASS DU DIR KONKRET UND AKTIV ZEIT FÜR DEINE FREUND:INNEN NIMMST.

Plane deine Freund:innen als Termin in deinem Kalender ein! Du musst dich um deine Freundschaften kümmern. Wieso? Wann hast du das Gefühl, dass eine Person wirklich Interesse an dir hat? Wenn sie sich nur meldet, wenn es ihm oder ihr schlecht geht oder du die nächste Party planst? Oder wenn sie sich meldet und nach dir fragt: Wie geht es dir? Wenn sie wissen will, was dich gerade beschäftigt. Wenn sie Interesse an deinem Leben und deiner Situation hat. Wenn sie teilhaben will! Wenn du dich bei deinem Freund oder deiner Freundin meldest, signalisierst du: Du bist mir wertvoll und wichtig. Ich schenke dir meine Zeit. Kostbare Zeit, denn jede Minute, die du gelebt hast, wird nicht wiederkommen.

Echte Freundschaft fragt nach

Teile dein Leben!

Fragt dich dein Kumpel oder deine Kumpeline also häufig, wie es dir geht? Das ist ein gutes Zeichen! Denn gute Freund:innen sind ehrlich daran interessiert zu erfahren, wie es dir geht und was dich beschäftigt.

Meine Arbeitstage als Kinder- und Jugendpsychiater sind sehr kommunikationsintensiv. Den ganzen Tag nur reden und zuhören – das schlaucht. Nach so einem Tag will ich oft einfach nur meine Ruhe haben und abschalten von all den Problemen, mit denen ich mich den ganzen Tag beschäftigt habe. Was mir hilft und was ich liebe: die großen Blockbuster-Filme, wo ich meinen Kopf abschalten und mich von den krassen Spezialeffekten berieseln lassen kann. Hier und da eine Explosion, transformierende Roboter, große Monster, die aufeinander losgehen und Städte in Schutt und Asche legen.

Danke, Michael Bay!

Den ganzen Tag reden

Aber dann kommt meine Frau und schimpft, was mir diese Filme bringen würden außer Zeitverschwendung. Sie setzt sich zu mir und fragt, wie es mir geht, wie mein Tag war, ob etwas Besonderes passiert ist oder morgen etwas Wichtiges ansteht. Boa, schon wieder reden, auch noch über Gefühle?! Habe ich doch schon den ganzen Tag gemacht ... nur eben nicht über meine Gefühle. Sie ist immer erwartungsvoll und interessiert an mir. Und wenn ich ganz ehrlich bin, weiß ich das sehr an ihr zu schätzen.

EHRLICHER AUSTAUSCH IST IN EINER FREUNDSCHAFT DURCH NICHTS ZU ERSETZEN.

In meinen therapeutischen Gesprächen auf der Arbeit sind folgende zwei Punkte von größter Bedeutung: Zum einen müssen sich die Patienten gut bei mir aufgehoben, verstanden und angenommen fühlen, und zum anderen muss sich die Person mitteilen, sonst weiß ich nicht, wie ich erfolgreich helfen kann. Das kannst du auch auf freundschaftliche Beziehungen übertragen. Nur wenn echter Austausch da ist (und damit meine ich nicht das Reden über banale Sachen, welcher Club aktuell angesagt ist, wo man den nächsten Urlaub verbringen will, was man wieder Tolles am Wochenende geplant hat, sondern über wichtige, bewegende Sachen), dann entsteht eine Verbindung zwischen zwei Menschen, die nicht ersetzbar, sondern kostbar ist.

Versuche also in Gesprächen auch mal in die Tiefe zu gehen. Smalltalk mag ja wichtig und öfters auch sehr lustig sein, aber seien wir mal ehrlich: Das wirst du dir nicht für eine längere Zeit merken. Teile mal das Alltägliche, sprich darüber, was dich beschäftigt, was dich geärgert hat, wie du dich aktuell fühlst, wovor du Angst hast, was du an der Freundschaft schätzt, womit du gerade haderst. Fang an, dein Leben zu teilen! Nur so gibst du deinem Freund oder deiner Freundin die Chance, dich besser kennenzulernen. Und nur so wird eine vertrauensvolle Basis geschaffen, dass auch sie oder er sich dir gegenüber öffnen kann.

Übrigens muss man nicht immer am gleichen Ort sein, um Leben zu teilen. Ich erinnere mich genau, als mir einer meiner besten Freunde sagte, dass er in die USA gehen würde, um sich karrieretechnisch zu verwirklichen und neuen Herausforderungen zu stellen. Natürlich habe ich mich für ihn gefreut, aber ich hatte große Angst, dass sich unsere Freundschaft durch die Distanz verlaufen würde. Die Angst hat sich zerstreut. Klar ist es schöner, sich persönlich zu sehen. Aber wir telefonieren regelmäßig, tauschen uns aus, teilen uns mit. Ich weiß, was ihn gerade beschäftigt. Regelmäßiger Austausch fördert deine Freundschaften und tut ihnen gut. Es ist nicht wichtig, ob ihr euch einmal in der Woche oder einmal im Monat oder noch seltener hört, wichtig ist, dass es kontinuierlich bleibt.

Sei treu und vertrauenswürdig!

Hast du Freund:innen, bei denen du weißt: Hey, auf deren Wort ist zu hundert Prozent Verlass? Sie bleiben treu an meiner Seite, egal, was kommt? Glückwunsch, das sind besonders kostbare Personen! Möchtest du auch eine kostbare Person für andere sein? Dann solltest du dir mal Gedanken darüber machen, ob du auch treu, vertrauenswürdig, loyal und verlässlich bist.

Was verbindest du mit diesen Begriffen? Mir schießen als erstes die Worte meines Hochzeitsgelübdes in den Kopf: „Ich verspreche dir die Treue in guten und in bösen Tagen, in Gesundheit und Krankheit, bis der Tod uns scheidet. Ich will dich lieben, achten und ehren alle Tage meines Lebens."

Treue scheint also nicht stimmungs- oder launenabhängig zu sein und auch nicht mit der gesundheitlichen Verfassung zusammenzuhängen. Treue muss etwas Dauerhaftes sein ohne On-Off-Knopf. Wenn du auf Google den Begriff „treu" eingibst, erhältst du folgende Beschreibung: „keine anderen sexuellen Beziehungen eingehend, den anderen nicht durch Ehebruch o. ä. betrügend".

VERSPROCHEN!

Ich denke aber, dass Treue noch etwas viel Tieferes meint, als einfach nicht fremd zu gehen. In jeder Beziehung, also auch in Freundschaften, wirst du Phasen erleben, in denen es gut läuft und alles toll ist. Genauso wird es aber eben auch mal schlechtere Zeiten geben. Treue bedeutet, nicht nur da zu sein, wenn du mit deinem Buddy zusammen Party machst oder sie oder er einen Übernachtungsplatz oder einen Wingman braucht, um jemanden kennenzulernen.

TREUE BEDEUTET, AUCH DA ZU SEIN, WENN ES UNGEMÜTLICH WIRD.

Zum Beispiel am Sonntagmorgen bei einem Umzug anzupacken, da zu sein, wenn es dem oder der anderen nicht gut geht, zum Beispiel, wenn sich die Eltern deines Freundes getrennt haben oder wenn deine Freundin verletzt im Krankenhaus liegt und deswegen gerade nichts Lustiges unternehmen kann.

Wahre Freundschaft zeigt sich gerade deswegen auch in den schwierigen Zeiten. Echte Freunde können mittrauern, Anteilnahme zeigen, Tränen gemeinsam teilen, eigene Bedürfnisse zurückstellen und sich mit dir hinsetzen und einfach nur da sein und zuhören. Wenn du mit einem Freund oder einer Freundin mal eine solche Phase überwunden hast, dann habt ihr etwas geschafft, auf das ihr wirklich stolz sein könnt und was euch für immer verbindet und eure Freundschaft stärken wird.

Dieses Jahr bin ich 40 geworden. Ich war geknickt, ich wollte doch den runden Geburtstag groß mit meiner Familie und Freund:innen feiern! Doch Corona hat mir einen fetten Strich durch die Rechnung gemacht. Kurz überlegte ich, ob ich einfach zur Arbeit gehen sollte, doch dann fiel mir meine alte Bucket-Liste ein, auf der ich mir vorgenommen hatte, nach meinem Umzug von Aachen nach Düsseldorf diese knapp 120 km lange Strecke mit dem Fahrrad zu schaffen. Am Tag vor meinem Geburtstag rief mich einer meiner engsten Freunde an und fragte, wie es mir gehe und was ich denn an meinem besonderen Tag so vorhabe. Ich erzählte ihm von meinem trotzigen Plan.

Mein Freund

Und was machte er? Er nahm sich einfach frei (ihr müsst wissen, dass er ein vielbeschäftigter, erfolgreicher Geschäftsmann ist, dessen Zeit echt kostbar ist), organisierte sich ein Fahrrad (was ehrlich gesagt nicht so aussah, als könnte es diese Stecke jemals bewältigen), und dann machten wir uns an meinem Geburtstag gemeinsam auf den Weg nach Aachen, um einen Haken hinter mein Vorhaben zu setzen. Wir haben zwar nicht die ganze Strecke geschafft, aber mir hat es unheimlich viel bedeutet, dass er sich Zeit genommen hat, an meiner Seite war und mich motiviert hat, meinen Traum in die Tat umzusetzen.

DIESE GESCHICHTE IST EIN PARADEBEISPIEL DAFÜR, DASS SO GUT WIE ALLES IM LEBEN DURCH DIE UNTERSTÜTZUNG UND ANWESENHEIT EINES GUTEN FREUNDES ODER EINER GUTEN FREUNDIN VERBESSERT WIRD.

Sei loyal und ehrlich

Meine Schulzeit habe ich auf einem bischöflichen privaten Gymnasium in Aachen verbracht. In der Oberstufe fuhren wir als ganze Klasse auf Besinnungstage. Ich fand diese Tage immer super, da man dabei sich selbst und die Klasse in ganz anderer Weise als im Schulalltag erfahren und nebenbei intensive Zeit mit seinen Schulfreund:innen verbringen konnte. Leider habe ich auf einer dieser Fahrten meinen vermeintlich besten Freund von einer ganz anderen Seite kennengelernt. Ich musste schmerzlich durch Zufall von einem anderen

Klassenkameraden erfahren, dass mein Freund in meiner Abwesenheit unschöne Sachen über mich erzählt hatte. Wie du dir sicherlich vorstellen kannst, hat mich das sehr verletzt. Wir haben später darüber gesprochen, aber unsere Beziehung hat das über eine sehr lange Zeit stark belastet.

Was erzählst du über deine besten Freund:innen? Was für Worte wählst du, um sie zu beschreiben? In welchen Beispielen verwendest du ihre Namen? Tratschst oder lästerst du über sie?

Es tut so gut, wenn du einen ehrlichen und loyalen Freund oder eine solche Freundin hast. Eine Person, von der du genau weißt, dass sie von Herzen das Beste für dich will und auch in der Öffentlichkeit gut von dir redet und sich für dich einsetzt. Jemand, der auch mal seine Bedürfnisse zurückstellt, weil er oder sie das Beste für dich will.

Mit der Ehrlichkeit ist es nicht immer so einfach. Ich kenne keinen Menschen, der es mag, Kritik oder unschöne Dinge über sich zu hören. Trotzdem ist es super wichtig, dass du als gute Freundin oder guter Freund auch ehrlich deine Meinung sagen kannst – und genauso wichtig ist es, dass du auch eine ehrliche Meinung über dich und deine Vorhaben, Ideen etc. bekommst und auf die Punkte hingewiesen wirst, die einer Verbesserung bedürfen. Es geht nicht darum, recht zu haben oder moralisch zu gewinnen, sondern die Person, die dir wichtig ist, vor falschen Entscheidungen oder Taten zu bewahren. Wer sollte es denn tun, wenn nicht der beste Freund oder die beste Freundin? Wichtig ist aber, dass ihr die Punkte immer direkt klärt und nicht hinter dem Rücken des oder der anderen, wie es mir im obigen Beispiel passiert war.

Der Hochzeitsanzug

Gerne denke ich an den wichtigsten Tag in meinem Leben zurück. An alle, die ihren Hochzeitstag noch vor sich haben, mein Tipp: Bereitet euch zeitnah darauf vor! Aber Mode hat mich noch nie begeistert. Ich bin eher einer von den Menschen, die sich ein Hemd einfach in verschiedenen Farben holen, wenn es ihnen gefällt, und dann für eine längere Zeit Ruhe haben. Ich habe eine sehr gute Freundin, die immer ein gutes Auge für schöne Sachen und Design hat. Als ich ihr ein Foto von meinem geplanten Hochzeitsanzug schickte, gab sie mir in ihrer freundlichen Art zu verstehen, dass dieser unter gar keinen Umständen für dieses Ereignis geeignet war! Meine Verlobte und ich hatten gerade eine Weltreise hinter uns und das Geld war ziemlich knapp. Doch auch einer meiner Trauzeugen bestätigte mir, dass ich so auf keinen Fall bei meiner Hochzeit erscheinen könne. So wurde ich mit ihm losgeschickt und konnte in einem Outlet doch noch einen schönen Anzug ergattern. Diese beiden haben mir den wichtigsten Tag gerettet und mich sicherlich vor der Schelte meiner Frau bewahrt, wie ich denn an unserem

Tag auf die Idee komme, mit so einem Anzug aufzutreten ...

Ich kann dir nur eindrücklich raten:

WENN DEIN FREUND ODER DEINE FREUNDIN DEN MUT ZUSAMMENNIMMT UND DIR DIE MEINUNG SAGT, DANN HÖRE GUT ZU!

Es kann dir das Leben retten (zum Beispiel vor einer wütenden und enttäuschten Ehefrau) und ist einer der Ecksteine einer innigen, wertvollen Freundschaft.

Gib dem Neid keine Chance!

Kannst du dich für deine engsten Freund:innen aus tiefstem Herzen mitfreuen, wenn ihnen etwas Gutes widerfährt? Sie Erfolg im Beruf haben? Einen attraktiven und sympathischen Partner bzw. eine solche Partnerin finden? Und wie sieht es bei dir selbst aus? Freust du dich, wenn du ein ehrliches „Freut mich riesig!" von deinen Freunden hörst, wenn dir etwas Tolles passiert? Mir selbst bedeutet es sehr viel, wenn sich andere für meine Erfolge ehrlich freuen und wir diese auch gemeinsam feiern können.

Als ich den Schritt in die Selbstständigkeit wagte und meine eigene Praxis eröffnete, habe ich mich über jeden meiner Freunde riesig gefreut, der mich dort besuchen gekommen ist. Ein Freund aus dem Ausland hat sogar bei seiner Ankunft in Deutschland gesagt: „Hey, ich habe mir die Bilder im Internet angeschaut, herzlichen Glückwunsch zur Praxis!", hat sich alles zeigen lassen und gelobt, wie sympathisch und liebevoll wir alles eingerichtet haben. Das hat mir wirklich viel bedeutet. Es ist für mich eine große Wertschätzung, wenn Freund:innen mir ausdrücken: Ich nehme mir Zeit für dich, dein Leben interessiert mich, ich bin bei dir und wir können deinen Erfolg gemeinsam feiern!

Ich feiere dich!

Obwohl ich mir so ein Verhalten von meinen engsten Freund:innen wünsche und erwarte, fällt es mir ehrlich gesagt selbst ziemlich schwer. Ich komme aus einem kulturellen Hintergrund, in dem Leistung und Erfolg eine sehr große Rolle spielen. In unserer Gesellschaft und auch in unserem Schulsystem sind wir automatisch der stetigen Konkurrenz ausgesetzt. „Was für eine Note hast du?" „Was studierst du?" „Wie viel verdienst du?" Daher finde ich es gar nicht so offensichtlich und einfach, den anderen neidfrei und fröhlich Erfolge zu gönnen.

Meine jüngere Schwester ging auf dieselbe Schule wie ich. Ständig wurden wir von den Lehrern verglichen und ich fand es besonders schwierig, wenn meine Schwester in meinen Lieblingsfächern eine bessere Note bekommen hat, zum Beispiel in Sport. Das hat mich dann bei der Zeugnisausgabe erst einmal mehrere Tage geärgert. Bei Fächern, die mir nicht so wichtig waren, wie Latein, war es mir egal. Genauso auch im späteren Berufsleben. Mein Kumpel hat die BWL-Klausur bestanden? Klasse! Meine gute Freundin hat für ein wichtiges Konzert vorgespielt? Super! Ich konnte mich richtig für meine Freund:innen freuen, wir haben bis tief in die Nacht den Erfolg gefeiert. Aber wenn ich ehrlich bin, sind mir diese Bereiche in meinem Leben relativ egal. Es hat keine Relevanz für mich, in einem großen Orchester zu spielen oder ein Meister der Zahlen zu werden.

Schwierig wird es, wenn einer zurückstecken muss. Nach dem Abi habe ich mich mit meinem Kumpel für das gleiche Stipendium beworben. Er hatte sehr gute Voraussetzungen: das bessere Abi, studierte zwei sauschwere Studienfächer gleichzeitig und war auch ehrenamtlich vielfältig engagiert. Er war also einfach der Mustertyp, wie ich mir einen erfolgreichen Stipendiaten vorstelle. Nach dem zweitägigen Assessment-Center lagen die Nerven blank und wir waren völlig ausgelaugt. Eine sehr aufreibende Prozedur lag hinter uns: Wir mussten Vorträge halten, Diskussionen in einer Gruppe führen, Aufsätze schreiben … und das alles unter den Augen von erfahrenen Prüfer:innen. Wider Erwarten habe ich die Zusage zum Stipendium bekommen und mein Kumpel nicht. Eine total unangenehme Situation. Ich habe ihm seine Enttäuschung angesehen und er wollte erst einmal keinen Kontakt mehr haben. Unsere Wege haben sich seitdem getrennt. Es ist traurig, wenn Neid und Missgunst der Freundschaft im Weg stehen. Das ist keine wahre Freundschaft. Wahre Freund:innen werden dich nicht schlecht machen, ausschließen oder kritisieren, weil du etwas besser geschafft hast als sie selbst.

WENN DU DICH FREUST, DASS DEINE FREUND:INNEN DEINE ERFOLGE MIT DIR ABFEIERN, DANN SEI AUCH DU EINE PERSON, DIE SICH FÜR SIE FREUT, WENN IHNEN ETWAS GUTES WIDERFÄHRT.

Sprich ihnen Mut zu und lobe sie, ganz egal, in was für einer eigenen Lage du dich selbst befindest. Probiere mal aus, dich nicht immer messen zu müssen, nicht eifersüchtig oder neidisch zu werden, sondern ganz im Gegenteil: dich einfach zu freuen, dass du so großartige und erfolgreiche Freund:innen hast.

Schafft gemeinsame Erinnerungen!

Herzhaftes Lachen soll ja besser wirken als Medizin. Das kann ich auf jeden Fall aus persönlicher Erfahrung bestätigen. Gemeinsam Erlebnisse zu teilen, dabei Spaß zu haben und jede Menge Glückshormone ausgeschüttet zu bekommen, ist eine der tragenden Säulen der Freundschaft.

In unserer Jugend-Clique hatten wir eine wilde Zeit: viel Party, viel Reisen, viel Zocken, wenig Schlaf. Tatsächlich hatte ich ein wenig Angst vor der Spießigkeit, die das Erwachsenwerden vermeintlich mit sich bringt: Beruf, Frau, Kinder, Haus, da sah ich mich noch gar nicht und war (an-)gespannt, wie sich unsere Freundschaften danach

Spießig?

entwickeln würden. Wir wohnen mittlerweile relativ weit auseinander, doch unsere Familien und Kinder verstehen sich super und wir haben jedes Jahr einen festen Familienurlaub mit unseren engsten Freund:innen, wo wir gemeinsam verschiedene Länder bereisen und Spaß haben. Einer der Höhepunkte des Jahres, auf den ich mich immer freue!

Mit einigen meiner Freund:innen habe ich ehrenamtliche Projekte organisiert, zum Beispiel Jugendfreizeiten und Sportveranstaltungen. Auch dieses Buch, was du gerade in den Händen hältst, ist ein Gemeinschaftsprojekt mit meinen zwei besten Kumpels. Das ist so cool! Wir können gemeinsam unsere Ideen und Träume verwirklichen, gleichzeitig haben wir etwas, was uns verbindet. Und das Beste: Wir haben dabei jede Menge Spaß und nebenbei führt es zu zunehmenden Gemeinsamkeiten, die uns noch mehr verbinden.

> ICH HABE GEMERKT, DASS ICH MIT DEN RICHTIGEN FREUND:INNEN STÄRKER, BESSER UND ERFOLGREICHER BIN IN ALLEM, WAS ICH TUE.

Heute bin ich umgeben von einzigartigen, besonderen Menschen und Freundschaften, die ich absolut feiere, wertschätze und ehre. Meine engen Freunde haben mich stets angespornt, über mich hinauszuwachsen, standen an meiner Seite und waren mein Sicherheitsnetz in schweren Zeiten. Solche Freund:innen wünsche ich dir auch, die dir, wie Jim Morrison einmal sagte, *die völlige Freiheit geben, du selbst zu sein.*

NACHDENKENSWERT

→ Wie wichtig ist dir das Thema **Freundschaft in einer Schulnote** und warum?

→ Wenn du deine **drei engsten** Freund:innen benennen müsstest, wer kommt dir da direkt in den Sinn?

→ Wie würdest du ihre **Persönlichkeit** und ihren Charakter beschreiben? Was schätzt du so an ihnen? Was holen sie aus dir heraus?

→ Was schätzen deine Freund:innen an dir und warum? Fallen dir auch **konkrete Beispiele** ein?

→ Hast du Freundschaften, die dir dauerhaft nicht guttun? Denke darüber nach, wie du dich von den toxischen **Kohlekumpelbeziehungen** trennen kannst.

UMSETZENSWERT

→ Erstelle eine Tabelle über eine **typische Woche.** Trage möglichst genau ein, was du wann machst.

→ Schreibe die **sechs Dinge** auf, die dir am wichtigsten sind.

→ Überprüfe: Stimmt die Reihenfolge deiner **Prioritäten** mit der Reihenfolge deines Zeitinvestments überein? Wieviel Zeit investierst du in die Dinge, die für dich die größte Bedeutung haben?

→ Überlege dir, wie du deine **Prioritätenliste** besser in Einklang mit deinem **Zeitinvestment** bringst.

ERWÄHNENSWERT

→ Filmtipp 1: **Ziemlich beste Freunde** – ein Paradebeispiel dafür, worauf es in einer guten Freundschaft ankommt.

→ Filmtipp 2: **Die Krake, mein Lehrer** (Netflix) – ein Tipp von einem guten Freund, der zur Zeit in Malawi arbeitet. Er hat mich neugierig gemacht, indem er gestand, dass sogar er bei diesem Film ein paar Tränen vergießen musste.

→ Filmtipp 3: **Kobra Kai** (Serie von Netflix) – die Fortsetzung eines meiner Lieblingsfilme aus meiner Kindheit. Super tiefgehend!

EINFACH FÜR DICH

KIM MARINA SCHLANGENOTTO

ist Psychologin M.Sc., Psychotherapeutin i.A., und gesellige Raclettepfännchen-Befüllerin mit Herz fürs Rheinland und die Songs von Herbert Grönemeyer

(Cyber-)Mobbing

Wie es weitergeht, wenn alle gegen einen sind

Elie Wiesel, ein Philosoph, Schriftsteller und Psychologe, der als Jugendlicher den Holocaust überlebte, hat einmal gesagt:

> „ES MAG ZEITEN GEBEN, IN DENEN WIR MACHTLOS SIND, DAS UNGERECHTE ZU VERHINDERN, ABER ES DARF KEINE ZEITEN GEBEN, IN DENEN WIR UNS NICHT DAGEGEN WEHREN."

Er bekam 1986 für seine außergewöhnlichen Leistungen im Kampf gegen Gewalt, Unterdrückung und Rassismus den Friedensnobelpreis verliehen. Elie Wiesel hat Unvorstellbares erlebt und appelliert wohl genau aus diesem Grund dafür, sich gegen jede Art von Ungerechtigkeit zur Wehr zu setzen, für uns selbst und für andere. Wir werden nicht auf alles Einfluss nehmen oder jede Art von Ungerechtigkeit verhindern können, aber wir sollten es dennoch immer versuchen. Selbst bei der kleinsten Chance ist es unsere Pflicht, uns für die Gerechtigkeit und das menschliche Wohl einzusetzen. (Cyber-)Mobbing ist eine dieser Ungerechtigkeiten. Aber wenn wir alle Verantwortung übernehmen und für die Schwächeren einstehen,

Für uns und für andere!

können wir schlimme Folgen verhindern und ein Zeichen für Zusammenhalt und Unterstützung setzen.

In diesem Kapitel möchte ich dich darüber informieren, was Mobbing und Cybermobbing ist und was geschieht, wenn jemand im Netz oder auch in der Wirklichkeit gemobbt wird. Außerdem möchte ich dir ein paar Tipps geben, wie du richtig handeln kannst, wenn du selbst oder jemand anderes schikaniert wird. Ich möchte dir zeigen, was du tun kannst, um dich und andere zu schützen. Wichtig ist: Du bist nicht allein!

Vielleicht wunderst du dich, ein Kapitel über dieses Thema in einem Buch über dich und deinen Erfolg zu lesen. Aber weißt du was? Zusammenhalt, gegenseitige Unterstützung und Fürsorge sind echte Schlüsselbegriffe für deinen Erfolg. Egal, woran du beim Thema Erfolg denkst, eines ist klar: Du als Person bestimmst deinen Erfolg. Daher gehören auch persönliche Eigenschaften wie Empathie und Verantwortung dazu. Beides können wir beim Handeln gegen Mobbing unter Beweis stellen. Ich möchte dir auf den folgenden Seiten zeigen, warum mir das Thema so sehr am Herzen liegt.

Meine Erfahrung mit Mobbing

In der 7. Klasse habe ich mitbekommen, wie ein Mädchen unserer Klasse von älteren Schülerinnen gemobbt wurde. Sie riefen ihr zu: „Du stinkst. Habt ihr keine Dusche zu Hause?" „Was hast du eigentlich an? Gab es das auch noch in schön?", und viele weitere schlimme Bemerkungen. Obwohl unsere Klasse auf demselben Flur stand und wir alle gehört haben, was passierte, hat niemand sie beschützt. Niemand hat es den Lehrkräften gesagt. Keine ist danach zu ihr gegangen, um sie zu trösten.

Alle haben die Situation ignoriert und so getan, als hätten sie es nicht mitbekommen, als wäre nichts passiert. Auch ich habe ihr nicht geholfen. Als besonders schlimm empfand ich damals schon die Ungerechtigkeit, die dem Mädchen widerfahren war.

> **FÜR MICH PERSÖNLICH WAR UND IST ES WICHTIG, DASS ALLE MENSCHEN WERTGESCHÄTZT UND GLEICHBERECHTIGT BEHANDELT WERDEN, DASS NIEMAND ALS BESSER ODER SCHLECHTER BEWERTET WIRD UND DASS WIR UNS GEGENSEITIG SO AKZEPTIEREN, WIE WIR SIND.**

Es ist doch genau diese Unterschiedlichkeit, die uns als Personen ausmacht!

Noch lange nach diesem Vorfall fühlte ich mich feige und schämte mich sehr – sogar so sehr, dass ich mich nicht einmal traute, meiner Mutter davon zu erzählen. Wochen später, als mich der Gedanke an diese Situation immer noch nicht losließ, überwand ich mich und erzählte ihr alles. Nach diesem Gespräch habe ich mir selbst versprochen, dass ich nie wieder jemanden in so einer Situation sich selbst überlassen werde. Noch heute empfinde ich dieses Schamgefühl, wenn über Mobbing gesprochen wird, und muss an diese Situation aus meiner Schulzeit denken.

Du stinkst!

Was ist Mobbing eigentlich?

Mobbing bedeutet, dass jemand von anderen verletzt wird. Dabei ist das Opfer von Mobbing in einer schwächeren Position als die Täter:innen. Diese sind beliebter und haben Freund:innen, die sie unterstützen, während das Opfer sich nicht zu helfen weiß und von niemandem unterstützt wird. Dabei kann die Gewalt, der das Opfer ausgesetzt ist, ganz unterschiedlich sein: Beschimpfungen, Schlagen, Ausgrenzen und anderes ist möglich. Das Charakteristische dabei ist, dass Opfer nicht nur einmal fertiggemacht werden – vielmehr dauert die Gewalt lange an, ohne dass für den betroffenen Schüler oder die betroffene Schülerin ein Ausweg in Sicht ist. Daher spricht man auch davon, dass bei Mobbing ein Kräfteungleichgewicht *(imbalance of power)* herrscht. Die Gewalt erfolgt absichtlich *(intentional acts)* und wiederholt *(repeated over time)*.

UNGLEICH, ABSICHTLICH UND WIEDERHOLT

Warum hat in der Situation, die ich gerade geschildert habe, nun keine:r von uns geholfen? Wir waren so viele und hätten uns einfach gegen die Älteren wehren können. Vermutlich haben wir uns aus verschiedenen Gründen damals so verhalten. Eventuell war es die Angst, durch das Anbieten von Hilfe „uncool" zu sein und die eigene „Position" in der Klasse zu verlieren. Vielleicht wollten wir vermeiden, unbeliebt zu werden. Oder wir fürchteten uns vor den möglichen Folgen, wenn wir uns für das Mädchen eingesetzt hätten. Gerade in der Schulzeit wollen wir ja alle Teil einer Clique sein und zu den „Coolen" gehören. Nur die Wenigsten trauen sich, gegen den Strom zu schwimmen und sich für jemanden einzusetzen, die oder der als „Außenseiter:in" gilt.

Rückblickend denke ich, dass der Großteil der Gruppe damals das Gleiche gefühlt und gedacht hat wie ich. Gerade aus diesem Grund ist es so wichtig, dass wir aus unseren Fehlern lernen und versuchen, uns in Zukunft anders zu verhalten. Denn was viele nicht wissen:

AUCH DURCH DAS „NICHTSSAGEN" STABILISIEREN WIR DEN MOBBINGPROZESS UND ERHALTEN IHN AUFRECHT.

Obwohl wir nichts tun, tragen wir so ungewollt zum Mobbing bei.

Wie funktioniert ein Mobbing-Prozess?

(Cyber-)Mobbing stellt einen Gruppenprozess dar, in dem jede:r eine bestimmte Rolle einnimmt. Prof. Dr. Christina Salmivalli und Kolleg:innen sprechen vom Participant-Role-Ansatz. Dieser Ansatz lässt sich sowohl auf Mobbing als auch auf Cybermobbing übertragen. Der Einfachheit halber werde ich im Folgenden aber nur noch von Mobbing sprechen. In der Grafik (nach Marija Kulis) erkennst du, wie die einzelnen Rollen auf das Geschehen und das Opfer einwirken.

Opfer und Täter:in sind die bekanntesten Rollen in diesem Modell. Daneben gibt es Verstärker:innen, welche die Täter:innen unterstützen und in ihren Vorhaben stärken. Des Weiteren gibt es Verteidiger:innen, Assistent:innen sowie die Außenstehenden. Die Verteidiger:innen sind die Einzigen, die das Opfer beschützen und dem Mobbingprozess entgegenwirken. Die Täter:innen versuchen, durch das Schikanieren von Schwächeren ihre eigene Position in der Gruppe zu verbessern, und zeichnen sich häufig durch eine Kombination aus Machtstreben und Dominanz aus.

Mutig!

Wichtig ist: Auch die Außenstehenden halten den Mobbingprozess aufrecht. Durch jede einzelne Person, die nicht eingreift, wird Mobbing gestärkt. Auch wenn wir denken, dass wir durch unser „Heraushalten" den Mobbingprozess nicht verschlimmern. Aber gerade durch das Zusammenspiel der verschiedenen Rollen (also der Verstärker:innen, der Assistent:innen sowie der Außenstehenden) wird der Prozess intensiviert oder stabilisiert. Allein Verteidiger:innen, die sich mutig gegen Mobbing einsetzen, haben die Chance, der Ungerechtigkeit ein Ende zu setzen.

Ich betone das Adjektiv „mutig". Denn genau diese Eigenschaft brauchst du, um dich gegen die Gruppe zu stellen und für eine:n Einzelne:n einzustehen. An dieser Stelle fordere ich dich auf: Sei mutig und setze dich für andere ein!

SCHWIMM GEGEN DEN STROM UND STEH FÜR ANDERE EIN, AUCH WENN KEIN FREUNDSCHAFTLICHES VERHÄLTNIS ZWISCHEN EUCH BESTEHT.

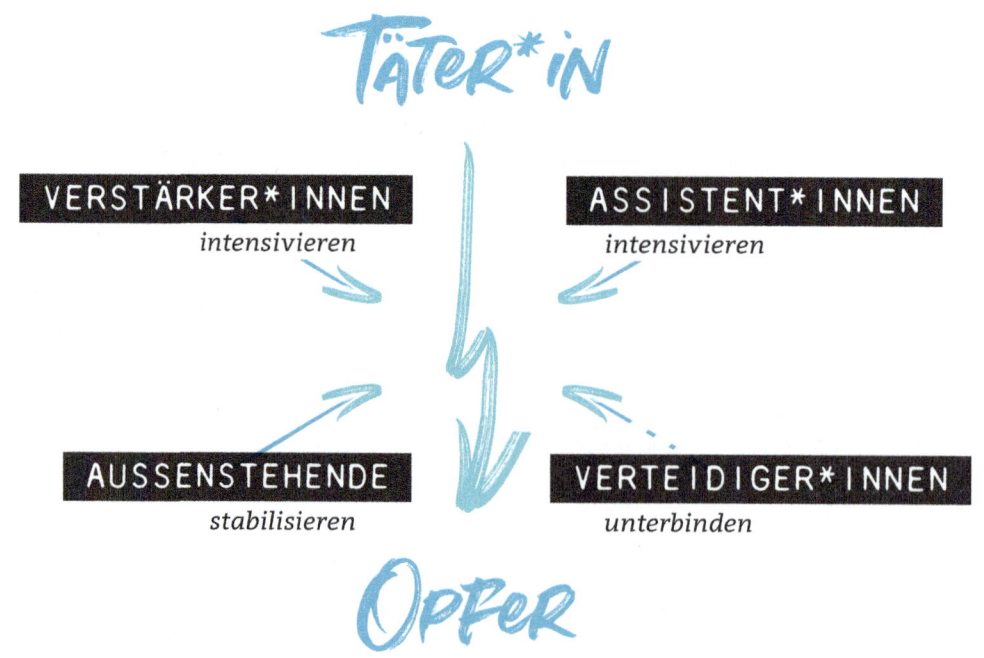

Täter*in

| VERSTÄRKER*INNEN | ASSISTENT*INNEN |
| *intensivieren* | *intensivieren* |

| AUSSENSTEHENDE | VERTEIDIGER*INNEN |
| *stabilisieren* | *unterbinden* |

Opfer

Damit verhinderst du die schwerwiegenden Folgen, die durch Mobbing entstehen.

Was ist der Unterschied zwischen Mobbing und Cyber-Mobbing?

Cybermobbing unterscheidet sich von Mobbing insofern, als dass die Täter:innen viel anonymer sind, was es sehr viel schwerer macht, sie mit ihrem Verhalten zu konfrontieren oder das Opfer zu schützen. Im Vergleich zum Mobbing in der „realen Welt", an einem direkten, persönlich zugänglichen Tatort, gibt es in der Weite des Internets unendlich viele Möglichkeiten, mit dem Opfer in Kontakt zu treten. Auch die Zeug:innen sind häufig entweder anonym und nicht zu erreichen oder ergreifen durch die Weitläufigkeit des Internets zusätzlich sehr viel seltener Position für das Opfer. Während beim Mobbing die Zeit viel kürzer gesteckt und lediglich auf bestimmte Gelegenheiten beschränkt ist (z. B. den Schulalltag oder die Zeit im Büro etc.), ist die Tatzeit im virtuellen Netz nicht auf eine kurze Zeitspanne begrenzt. Im Internet kann Mobbing 7 Tage die Woche jeweils 24 Stunden lang stattfinden.

Kann Mobbing jeden treffen?

Ein Kernmerkmal, was Mobbing von anderen Konflikten unterscheidet, ist, dass das Opfer willkürlich ausgewählt wird. Es gibt demnach keine „typischen" Opfermerkmale. Einzig männliche Opfer sind oft physisch eher schwächer. Mobbing kann also jede:n treffen. Gründe wie ein „komisches" Aussehen oder „uncoole" Kleidung werden vorgeschoben. Aus der Perspektive des Täters oder der Täterin ist es egal, wie du aussiehst oder was du anziehst. Änderst du diese Dinge, werden andere Gründe gesucht.

Diesem Prozess kannst du entfliehen oder anderen dabei helfen, wenn du seine Phasen verstehst. Prof. Dr. Mechthild Schäfer nennt folgende:

MEHR CLIQUEN = MEHR MOBBING

 Die erste Phase, die sogenannte Explorationsphase, dient dazu, ein potenzielles Opfer zu finden. Diese Wahl erfolgt willkürlich, hat also nichts mit einem „falschen" Verhalten oder ungewöhnlichem Aussehen des Opfers zu tun. Die Täter:innen suchen sich ein Opfer, das wenig soziale Kontakte hat und sich leicht verletzen lässt, sich also bei möglichen Schikanen vermutlich weder zur Wehr setzen noch von Freund:innen beschützt werden wird. Das Opfer zieht sich aufgrund der anfänglichen Schikane meist noch mehr zurück und verstärkt durch seine Angst und Unsicherheit den Mobbingprozess und das Verhalten der Täter:innen. So lernen diese, dass das Opfer sich nicht zur Wehr setzen wird, und das anfänglich willkürlich ausgewählte Opfer wird als „passend" identifiziert.

 In der zweiten Stufe, der Konsolidierungsphase, schikanieren die Täter:innen gezielt das identifizierte

Opfer. Dafür werden die sozialen Normen der Gruppe überprüft. Inwieweit herrscht ein Klima, das Mobbing fördert? Klassen, die Probleme mit Mobbing haben, zeigen auch ein erhöhtes Auftreten von Cybermobbing. Studien belegen, dass sich auch die Anzahl der Cliquen auf Mobbing auswirken kann. Je mehr Cliquen es z. B. in einer Klasse gibt, desto weniger halten die Schüler:innen untereinander zusammen. Die Täter:innen probieren also aus, inwieweit die Schikanen von der Gruppe unterstützt, akzeptiert oder abgelehnt werden. Wenn du also merkst, dass jemand bewusst ausgeschlossen oder schikaniert wird, ergreife Partei für die ausgeschlossene Person! Sichere ihr deine Unterstützung zu und zeige den Pro-Mobbing-Rollen (Täter:innen, Verstärker:innen, Assistent:innen), wie falsch ihr Verhalten ist und dass du, wenn die Schikanen nicht aufhören sollten, dich an Lehrkräfte, Eltern oder Vorgesetzte wenden wirst. Nur so kann das Mobbing beendet und das Opfer geschützt werden. Besonders Schüler:innen, die ihren eigenen sozialen Status nicht als bedroht wahrnehmen und in der Klasse beliebt sind, stellen sich häufig auf die Seite des Opfers. Aber hey, werden wir alle zu Verteidiger:innen und verhindern wir Mobbing von Anfang an!

3. **Ohne Verteidiger:innen** kommt es zur dritten Stufe, der Manifestationsphase. Dabei ist die soziale Norm bereits so weit manipuliert, dass ein soziales Machtgefälle entstanden ist. Das bedeutet, dass der Großteil der Klasse die Schikanen als gerechtfertigt empfindet und diese teilweise sogar übernimmt und als positiv bewertet. Im schlimmsten Fall wird dem Opfer immer weniger Hilfe angeboten, was den Mobbingprozess wachsen und langfristige, schwerwiegende Folgen entstehen lässt.

Was sind die Folgen von Mobbing?

Laut Studien gehört zu den Symptomen nach Mobbingvorfällen z. B., dass sich das Opfer schnell in einer totalen Isolation wiederfindet, ein Aufeinandertreffen mit der Täterin oder dem Täter vermeidet und sich so stark anpasst, dass es fast unsichtbar wird. Kopf- und Bauchschmerzen, Appetitverlust sowie Schlafstörungen sind weitere Hinweise darauf, dass jemand gemobbt wird. Ein weiteres Zeichen ist das Fehlen von Freund:innen im gleichen Alter. Das deutet auch auf das

ISOLATION

fehlende soziale Netzwerk hin, das sich die Täter:innen in der *Explorationsphase*, in der sie das Opfer auswählen, zunutze machen.

Langfristig kann Mobbing zu einer Verringerung von Selbstbewusstsein und -wirksamkeit führen. Das bedeutet z. B., dass sich die Person im Umgang mit anderen unsicher fühlt, aber auch mit sich selbst (ihrem Körper, ihren Charaktereigenschaften, ihrer Person) sehr unzufrieden ist. Aufgrund der schlechten sozialen Erfahrungen fällt es Betroffenen auch viel schwerer, neuen Beziehungen zu vertrauen und soziale Kontakte aufzubauen. Das hat gravierende Folgen auf nahezu alle Bereiche des Lebens. Sogar Angsterkrankungen, Depressionen sowie Suizidgedanken und -versuche können Folgen von Mobbing sein.

Kannst du dir vorstellen, dass Mobbing auch Folgen für die Täter:innen hat? Oft wird eher davon ausgegangen, dass diese durch die eigene Machtausübung ihren Selbstwert erhöhen und sie unbeschadet davonkommen. Doch viele Studien belegen auch gravierende Folgen für sie. Gerade ein negatives Selbstwertgefühl ist Folge von Mobbingausübung. Daneben wurden eine erhöhte Kriminalitäts- und Gewaltbereitschaft, Suchterkrankungen sowie Depressionen als Folgeerscheinungen nachgewiesen. In weiteren Studien werden Beziehungsprobleme und eine Störung des Sozialverhaltens genannt, und auch bei den Täter:innen kann es zu Suizidgedanken und -versuchen kommen.

Was kannst du konkret gegen Mobbing tun?

Die Frage ist also nicht, *ob* du etwas gegen Mobbing tun solltest, sondern *was*. Wie kannst du sinnvoll eingreifen, die Rolle einer Verteidigerin oder eines Verteidigers einnehmen oder sogar vorab verhindern, dass es überhaupt zu Mobbing kommt? Wenn du mitbekommst, dass eine Person gemobbt wird, nimm dies sofort ernst und verteidige die Person! Zeige den Täter:innen klar, auf welcher Seite du stehst. Suche dann entweder Hilfe bei Eltern, Psycholog:innen, Lehrkräften oder Vorgesetzten.

ES GIBT EINE VIELZAHL AN BEWÄHRTEN GEGENMASSNAHMEN, DIE MOBBING NACHHALTIG REDUZIEREN.

Bewährte und gut umsetzbare Methoden sind beim Mobbing der *No blame approach (NBA)* sowie die *Farsta-Methode*. Beim NBA

Du KANNST etwas TUN!

wird eine Unterstützungsgruppe für das Opfer für den Alltag aufgebaut, in die auch die Täter:innen aufgenommen werden.

Bei der Farsta-Methode wird eine Null-Gewalt-Toleranz durch ein konfrontatives Gespräch mit dem Täter bzw. der Täterin vertreten. Eine speziell in der Farsta-Methode ausgebildete Person wird die Konfrontation übernehmen, ohne dass der Täter oder die Täterin vorgewarnt wird. Im Fall von Cybermobbing sind die Interventionen aufgrund der Anonymität im Internet schwieriger umzusetzen, Programme wie *Medienhelden* versuchen jedoch präventiv, Medienkompetenz und ein kritisches Auseinandersetzen mit Inhalten des virtuellen Netzes zu unterrichten. Wissen deine

Ansprechpersonen noch nichts von diesen Gegenmaßnahmen, informiere sie darüber und betone, wie wichtig es ist, schnell und effizient dem Mobbing entgegenzuwirken, um die gerade beschriebenen Folgen zu verhindern.

Was kann das Opfer konkret gegen Mobbing tun?

Wichtig ist: Du musst Mobbing nicht ertragen, es nicht aushalten! Erzähl von deinen Erlebnissen, vertrau dich deinen Bezugspersonen und vor allem Autoritätspersonen, die Einfluss nehmen können, an. Benenne es ganz klar und eindeutig, damit die Wichtigkeit deutlich wird! Auch wenn Lehr-

KLAR BENENNEN!

kräfte, Eltern oder Freund:innen gerade ziemlich beschäftigt scheinen, mache auf die Dringlichkeit und deine ausweglose Situation aufmerksam. Solltest du im ersten Moment nicht gehört werden und dir und deinen Erlebnissen nicht die benötigte Beachtung geschenkt werden, formuliere es so, dass kein Zweifel bleibt, dass es sich um Mobbing handelt und dies bereits seit einem gewissen Zeitraum („Ich werde *ständig* ausgegrenzt, bitte tun Sie etwas dagegen"; „Ich werde *jedes Mal* im Unterricht beleidigt, bitte helfen Sie mir endlich, ich kann nicht mehr"; „Über zwei Monate werde ich *jede Pause* von ihm/ihr drangsaliert"). Oft wird die Dringlichkeit nicht sofort erkannt oder das Ausmaß der Situation nicht richtig eingeordnet. Deshalb ist es umso wichtiger, direkt und immer wieder nach Hilfe zu fragen und insbesondere den eigenen Leidensdruck nicht zu verstecken.

Kein Kind, kein:e Jugendliche:r und kein:e Erwachsene:r sollte verbale, körperliche oder virtuelle Gewalt erleiden müssen. Jede:r von uns kann dazu beitragen, für ein friedvolles Miteinander zu sorgen.

ZUSAMMEN SIND WIR STARK, SELBST WENN DIE CHANCE AUF VERÄNDERUNG NOCH SO KLEIN SCHEINT.

Was aus Ausgrenzung und Diskriminierung willkürlich ausgewählter Menschen schlimmstenfalls werden kann, hat Elie Wiesel erfahren müssen. Lasst uns aus dieser Erfahrung lernen, uns auch in Zukunft immer zu wehren und für Menschlichkeit und Gerechtigkeit einzustehen.

Wofür oder wogegen setzt du dich ein?

WISSENSWERT

→ Hier kannst du deinen **Wissensstand** über (Cyber-) Mobbing direkt überprüfen:

Die Aussagen sind durch ein Forschungsprojekt im Rahmen des Masterstudiengangs Psychologie meiner Kolleginnen Sophie Eumann, Sophie Meiertoberens, Julia Steinhoff und mir an der Universität Bonn (2021) aufgestellt worden.

ERWÄHNENSWERT

→ Hier findest du ein paar sehr empfehlenswerte Kurzfilme zum Thema Mobbing:

NACHDENKENSWERT

→ War ich auch schon einmal an **Mobbing beteiligt**?

→ Wenn ja, **welche Rolle** habe ich dabei eingenommen?

→ Ist mir aufgefallen, dass ich **Teil** des Mobbingprozesses war?

→ War ich eventuell auch schon einmal in der Rolle des oder der **Außenstehenden**?

→ Oder habe ich schon einmal die **Augen** vor Mobbing **verschlossen**, weil ich Angst vor den Konsequenzen hatte?

Viele Ideen sowie Forschungsergebnisse in diesem Kapitel stammen aus:

Mechtild Schäfer, „Opfer – Täter – Mitschüler: Ein Modell zur Bedeutung des sozialen Kontextes für die Dynamik von sozialer Aggression in Schulklassen: Bullying", Rahmenpapier zur kumulativen Habilitation 2003.

Peter Teuschel und Klaus Werner Heuschen, „Bullying: Mobbing bei Kindern und Jugendlichen", Schattauer Verlag 2013.

108–117 | DEIN TEAM >> 09 PARTNERWAHL

KYUL FLOEHR

ist Gymnasiallehrerin, ehemalige Personal Trainerin und Leistungssportlerin, lebenslustige Weltenbummlerin und begeisterungsfähige Sportskanone, die gern mit einem gedeckten Tisch für das Wohlbefinden der anderen sorgt.

Partnerwahl

WIE IHR ZU ZWEIT ALS GIPFELSTÜRMER:INNEN UNTERWEGS SEIN KÖNNT

Na, bist du auch gleich zu diesem Kapitel vorgesprungen?! Das Interesse am richtigen Partner oder der richtigen Partnerin liegt einfach in der Natur des Menschen. Zu zweit ist auch alles schöner als allein. Ob Insta, Tinder oder Facebook: Neue Leute lernt man schnell kennen. Auf einen Blick können wir einen ersten Eindruck bekommen, wer die Person ist. Das Profil macht es möglich. Die Fotos und die Beschreibungen hören sich oft fantastisch an. Aber fragt ihr euch nicht auch manchmal, wie viele Filter wohl auf den Fotos liegen und ob da nicht einiges schöngeredet ist? Und die viel wichtigere Frage: Ist die Person, die wir da sehen, auch wirklich der Partner oder die Partnerin, die wir uns erhoffen?

Ich habe mich immer wieder darüber gewundert, wie viele Beziehungen in meinem Freundeskreis und darüber hinaus gescheitert sind. Wie kann es sein, dass so viele schlaue und logisch denkende Menschen bei einem Partner oder einer Partnerin landen, der oder die sie einfach unzufrieden macht? Es gibt eine interessante Studie der Professoren Paul Eastwick und Eli Finkel, in denen Teilnehmer eines Speeddatings vorab nach ihren Vorlieben in einer Beziehung befragt worden sind. Doch beim Daten wenige Minuten später hatten sie ganz andere Interessen als die zuvor genannten. Wir wissen also häufig gar nicht genau, wie wir uns den perfekten Partner oder die perfekte Partnerin vorstellen und was wir von unserer Beziehung erwarten. Reicht da das Schicksal oder das Bauchgefühl aus?

Du kennst doch den Spruch: Jeder Topf hat einen Deckel. Willst du deinen perfekten

Deckel finden, solltest du genau wissen, wonach du suchst. In diesem Kapitel stelle ich dir die drei wichtigsten Punkte vor, die dir bei deiner Suche helfen.

Erstelle eine Checkliste

Meine Eltern hatten eine konkrete Vorstellung von meinem zukünftigen Partner. Meine Jugendzeit war stark von der koreanischen Kultur meiner Eltern geprägt. Auch wenn ich in Deutschland aufgewachsen bin, wurde ich hauptsächlich mit koreanischen Wertvorstellungen erzogen.

Die Vorstellung meiner Eltern von einem zukünftigen Partner, die wiederum von ihren Eltern geprägt worden waren, haben sie auch an mich weitergegeben: Er sollte einen gut bezahlten Job haben (Arzt, Jurist o. ä.), eine gute Familie und nette Freund:innen und natürlich sollte er auch noch gut aussehen. Sie hatten ein ganz konkretes Bild von meinem zukünftigen Leben und auch von meinem Partner.

Vorstellungen

Natürlich wird es uns nicht automatisch glücklich machen, wenn wir uns an der Vorstellung unserer Eltern orientieren. Aber unbewusst vermitteln sie uns etwas, das uns das Leben sehr erleichtern kann: Erstelle eine Checkliste. Wenn du das Internet nach Studien oder Büchern zu unterschiedlichen Themen durchforstest, wirst du überall Checklisten finden. Es gibt nahezu keinen Lebensbereich mehr, in dem keine Checklisten verwendet werden.

CHECKLISTEN VEREINFACHEN DEIN LEBEN.

Warum?

1. Du bist Expert:in für deine Checkliste (d. h., es stecken deine Ideen dahinter).
2. Du hältst deine Ideen und Gedanken auf Papier fest (sie sind somit jederzeit abrufbar).
3. Du bringst deine Gedanken auf den Punkt.
4. Du hast eine Reihenfolge, die nach Prioritäten geordnet ist.
5. Du kannst sie jederzeit aktualisieren.

Was will ich?

Deine Suche nach einem Partner bzw. einer Partnerin wird von deinen Vorstellungen und Gefühlen geleitet. Deshalb mein Tipp: Überlege dir so früh wie möglich, was dir bei deiner zukünftigen Partnerin oder deinem Partner wichtig ist, und suche dann konkret nach so jemandem. Viele lassen sich von ihren Gefühlen leiten. Sind die Schmetterlinge aber nach ein paar Monaten verschwunden, stellen sie fest, dass die Person nicht wirklich ihren Vorstellungen entspricht. Nach einigen krampfhaften Versuchen, sich und das Gegenüber so umzubiegen, dass es doch eine gemeinsame Zukunft geben könnte, wird die Beziehung beendet.

Du wirst mir sicherlich zustimmen, dass solche Beziehungen die Betroffenen viel Energie und Zeit kosten. Auch emotional ist man nach so einer Erfahrung erschöpft. Alles hat sich darum gedreht, sich und den Partner oder die Partnerin zu verändern, und trotzdem ist die Beziehung gescheitert ... Aber warum eigentlich? Nicht, weil man nicht alles versucht hätte, sondern weil man den Blick auf das, was man eigentlich wollte (ich sag nur „Checkliste"), verloren hat.

Hast du dir mal Gedanken darüber gemacht, wie genau du dir deinen Partner oder deine Partnerin vorstellst? Und damit meine ich nicht nur Aspekte wie: „Ich möchte, dass sie mich zum Lachen bringt", oder: „Er soll Gefühle zeigen können".

Ich habe tatsächlich nach meiner ersten Beziehung eine solche Checkliste erstellt. Ich habe mir überlegt, welche Werte mir wichtig sind, wie ich mir die Familie und Freund:innen meines zukünftigen Partners vorstelle, welche gemeinsamen Ziele ich mit ihm verfolgen will, welche Hobbys ich gerne mit ihm teilen würde, wie unsere Kommunikation sein sollte, welche Bedürfnisse ich selbst habe und natürlich auch, wie er aussehen soll.

Achte aufs Detail

Ich erinnere mich noch genau an den Vortrag eines unglaublich inspirierenden Menschen, der sagte: „Wenn du ein Ziel hast, das du erreichen möchtest, dann stelle es dir in allen Details vor. Ist dein Ziel, dass du ein Haus haben möchtest, dann überlege dir: Wie groß soll es sein? Wie viele Zimmer soll es haben? Wie viele Stockwerke hätte ich gerne? Will ich ein spitzes oder ein flaches Dach? Soll es eine Terrasse oder ein Balkon haben? Welchen Boden möchte ich lieber, Holz oder Fliesen? Wie groß sollen die Fenster sein und welche Farbe sollen sie haben ...?"

Ich habe auf meiner Partner-Wunsch-Liste wirklich alles sehr detailliert notiert und die Punkte anschließend nach Priorität geordnet.

NUR WENN DU AUF DAS DETAIL ACHTEST, KANNST DU DEINEM ZIEL NÄHERKOMMEN.

Und nur mit detaillierten Vorstellungen kannst du konkret auf die Suche gehen.

Vor ein paar Monaten habe ich meine Liste noch einmal in die Hand genommen. Ich bin nun seit fünf Jahren mit meinem Mann verheiratet und wir sind seit acht Jahren in einer Beziehung. Ich bin sehr glücklich, jemanden gefunden zu haben, der meine Vorstellungen wirklich erfüllt (insgesamt passen über 90 % der Checkliste), besonders die, die mir am wichtigsten sind. Ich muss allerdings zugeben, dass ich mich auch erst Schritt für Schritt weiterentwickeln musste. Ich habe nicht direkt nach der Erstellung meiner Checkliste meinen Mann gefunden. Um genau zu sein, hat es dann noch weitere zehn Jahre gedauert.

Finde heraus, was du selbst willst!

Es ist nicht leicht herauszufinden, was man wirklich will, und noch viel schwieriger, danach zu handeln. Oft schlagen wir bei der Partnerwahl einen falschen Weg ein, weil wir uns nur durch die Gefühle leiten lassen oder wir nach außen hin den Erwartungen unserer Freund:innen, Familie und unseren Follower:innen gerecht werden wollen. Gerade Social Media und die Vielfalt der Dating-Apps haben unsere Partnerwahl stark beeinflusst.

Wichtig ist deshalb: Um deinen „perfekten Partner" oder deine „perfekte Partnerin" zu finden, musst du dich von den Erwartungen anderer lösen und dir darüber bewusst werden, was du *selbst* willst!

Sende die richtigen Signale

Wenn du weißt, was du willst, ist es besonders wichtig, dass du auch die richtigen Signale sendest. Ich war früher unglaublich gerne mit meinem zwei Jahre älteren Bruder auf Partys. Wir haben die Nächte durchgetanzt und unser Tanzstil war sehr auffällig: Bei meinem Bruder war es eine Mischung aus Breakdance, Hip-Hop und Jump Style und bei mir eine Mischung aus Hip-Hop und Street Style. Ich habe auch gerne mal auf den Boxen getanzt. Beim Tanzen wurde ich immer wieder von jungen Männern der Kategorie Macho angesprochen oder angetanzt. Das mochte ich gar nicht! Obwohl ich sie direkt abgewiesen habe, passierte es immer wieder. Aber warum? Ich hatte zwar eine klare Vorstellung, von wem ich nicht angesprochen werden wollte, dennoch habe ich die falschen Signale gesendet.

Du kannst mir sicher zustimmen: Meine bauchfreie enge Kleidung, meine 8-cm-Absätze, mein auffälliger Tanzstil mit viel Geshake auf der Box und das Anlächeln vieler Männer hat eindeutig **nicht** das Signal

Authentisch?

gesendet: „Ich möchte nicht angesprochen werden." Natürlich hätte es mich auch nicht glücklich gemacht, wenn ich mit Rollkragenpulli in der Ecke meinen Drink getrunken hätte. Das wäre nicht ich gewesen. Die Reaktion auf mein Auftreten hat mir jedoch gezeigt, dass es wichtig ist, sich authentisch zu präsentieren.

Was heißt authentisch sein? Einfach man selbst sein. Klingt theoretisch einfach, aber die Umsetzung ist viel komplizierter. Die gute Nachricht ist, dass wir eine Art sechsten Sinn haben. Prof. Dr. Gigerenzer und Dr. Gaissmaier, Autoren des Buches „Intuition und Führung: Wie gute Entscheidungen entstehen", sagen, dass gute Entscheidungen unterbewusst im Gehirn getroffen werden. Das ist die Grundlage der Intuition, unseres sechsten Sinns. Du kennst bestimmt das Bauchgefühl, das dir bei vielen Entscheidungen insgeheim sagt, ob sie richtig oder falsch sind. Genau das ist hier gemeint. Das Bauchgefühl (die Intuition) allein genügt allerdings nicht, um authentisch zu sein.

Signalisiere, was du wirklich willst

DEIN AUFTRETEN SPIEGELT DEINE INNEREN EINSTELLUNGEN UND ÜBERZEUGUNGEN.

Daher ist es wichtig, dass du lernst, deine Überzeugungen im Denken, Reden, Fühlen und Handeln anderen zu zeigen. Wenn du an einer dieser Schrauben drehst, bewegen sich die anderen automatisch nacheinander mit.

Bestimmt kennst du die Situation, dass du einfach mal deine Ruhe haben willst. Was würdest du tun, um das anderen zu zeigen? Konkret würde es das bedeuten: Du *denkst*: „Ich will meine Ruhe haben" → dann *sagst* du: „Ich möchte bitte nicht gestört werden" → dabei *fühlst* du dich automatisch schon so, als würdest du den Rückwärtsgang einlegen und dich zurückziehen → und *setzt* dich deshalb in die hinterste Ecke des Cafés. Dein Denken, Reden, Fühlen und Handeln haben alle das gleiche Signal gesendet: „Ich möchte meine Ruhe haben."

Ich habe dir von den Partys erzählt, auf die mein Bruder und ich gerne gegangen sind. Ich habe mich rückblickend gefragt, wie authentisch ich wirklich war. Dabei ist mir Folgendes aufgefallen: Ich war nicht aufrichtig und konsequent. Ich habe mich schnell darin wiedererkannt zu sagen: „So bin ich einfach, sollen die Machos doch weggucken." Das ist ja auch sehr bequem, denn in letzter Konsequenz liegt der Fehler nicht bei mir.

WAS HABE ICH ALSO VERÄNDERT?

Ich gebe zu, ich habe es geliebt, ausgelassen zu tanzen und natürlich auch gerne Komplimente bekommen. Dennoch wollte ich nicht von Männern „angebaggert" werden, schon gar nicht vom Männertyp Macho. An meiner Art zu tanzen habe ich nichts verändert. Das Tanzen und auch die Musik sind einfach ein Ausdruck von meinem Spaß und meiner Lebensfreude. In diesem Punkt würde ich mich eher verstellen, wenn ich nicht mehr so abfeiern könnte. Tanze ich ausgelassen und voller Spaß, bin ich also authentisch. Auch meinem Kleidungsstil bin ich treu geblieben. Ich habe mich darin gut gefühlt und hatte nicht die Absicht, jemanden damit zu beeindrucken. Aber ein paar Details habe ich trotzdem verändert, um konsequent in meinen Absichten und meiner Kommunikation zu sein: Getanzt habe ich von da an in der Kreismitte, umringt von meinen Freund:innen und nur mit ihnen. Ich habe auch keinen Augenkontakt mehr zu den Macho-Männern aufgebaut. Die körperliche Barriere, die so entstanden ist, war ein voller Erfolg. Das Signal, das die anderen von mir bekommen haben, war: „Ich tanze und feiere gerne mit sehr viel Spaß", aber auch: „Ich habe kein Interesse daran, angesprochen zu werden" ... zumindest nicht an diesem Ort und nicht von Machos.

Der tolle Nebeneffekt war, dass die Männer mit wirklichem Interesse zunächst versucht haben, mit meinen Freund:innen zu connecten. So konnten sie direkt den ersten Check vorab für mich durchführen.

Ganz du selbst

Wenn du in kleinen Situationen anfängst, authentisch zu sein und die richtigen Signale zu senden, dann wird es dir danach auch in etwas komplizierteren Situationen gelingen. Je häufiger du es in verschiedenen Situationen schaffst, authentisch zu handeln, desto mehr wirst du ingesamt zu einer Person, die ihre Einstellungen und Überzeugungen ganz natürlich zeigt. Du bist einfach du selbst!

UM AUTHENTISCH ZU SEIN, MUSST DU DIR ÜBER DEINE EIGENEN EINSTELLUNGEN UND ÜBERZEUGUNGEN KLAR WERDEN.

Arbeite an deinem eigenen Glück

„Mein Partner soll mich zum Lachen bringen." Erinnerst du dich noch an die Beispielantwort aus dem Abschnitt „Die Checkliste"? In dieser Aussage steckt die Erwartung, dass die Partnerin oder der Partner die Verantwortung für dein Glück übernehmen soll.

Einer meiner besten Freunde ist zu Beginn des Studiums mit einem echt netten Mädchen zusammengekommen. Alles schien prima und sie schwebten auf Wolke sieben. Aber nach ein paar Monaten zeigten sich die ersten Probleme. Er erzählte mir, dass sie selten etwas alleine mit ihren Freund:innen unternehmen würde. Sie wollte in jeder Situation mit ihm zusammen sein und war enttäuscht, wenn er nicht 24/7 mit ihr Zeit verbringen wollte.

Was war das Problem? Sie hat ihr Glück bei ihm gesucht. Sie war selbst eher schüchtern und hatte einen sehr kleinen Freundeskreis. Er hingegen ist schon immer sehr lustig und unterhaltsam gewesen. Er hat auch sehr schnell neue Leute kennengelernt. War sie bei ihm, hat sie es genossen, dass er sie zum Lachen gebracht hat. Sie war sehr gerne mit ihm unterwegs, da es nie langweilig wurde. Außerdem ist sie so auch mehr unter Leute gekommen. Irgendwann war sie aber von seinen Witzen genervt. Nach ein paar Monaten haben sie sich getrennt.

Du wirst mir bestimmt zustimmen, dass die Trennung besonders für sie sehr hart gewesen sein muss. Sie hat ihr Glück stark von ihm abhängig gemacht. Die Trennung hat deshalb ein riesiges Loch bei ihr hinterlassen. Nicht nur, dass er nicht mehr da war, auch das Lachen und die sozialen Kontakte sind mit der Trennung verschwunden.

Du bist für dein Glück verantwortlich!

Unsere Partnerin oder unser Partner spiegelt häufig, wie man selbst gerne wäre. Deshalb findet man häufig die Eigenschaften attraktiv, die man sich innerlich wünscht, aber selbst nicht zeigt. Dein Partner bzw. deine Partnerin ist aber nicht dazu da, dein persönliches Loch zu füllen. Bewunderung wird schnell zum Genervtsein, wenn man die gewünschten Eigenschaften nicht selbst umsetzt. Wenn du weißt, was du willst und was dich glücklich macht, dann solltest du auch selbst daran arbeiten – ganz im Sinne des Sprichworts: „Jeder ist seines eigenen Glückes Schmied."

JE MEHR EIGENE BAUSTELLEN DU BEARBEITEST, DESTO ZUFRIEDENER UND GLÜCKLICHER WIRD DEIN SELBSTBILD.

Dann gibt es immer weniger Eigenschaften, die du dir wünschst, aber nicht selbst erfüllst.

Erkenne deinen Wert

Ich gebe zu, das ist einfacher gesagt als getan. Kennst du den Gedanken: „Bin ich eigentlich gut genug für XY?" Das habe ich früher häufig gedacht. Deshalb habe ich nicht selten versucht, tolle Überraschungen auf die Beine zu stellen, besondere Geschenke vorzubereiten und mich immer so zu zeigen, dass man stolz auf mich sein kann. Das war wirklich anstrengend, obwohl ich von Natur aus sehr gerne großartige Sachen mache. Aber meine Motivation war definitiv die falsche. Es hat Zeit gebraucht, bis ich meinen „Wert" verstanden habe. Das Reisen hat dabei sehr geholfen. Ich habe wirklich viele Länder mit dem Rucksack bereist, mit Freund:innen oder mit meinem Bruder. Auch ohne die ganzen besonderen Aktionen habe ich viele Leute kennen- und schätzen gelernt. Diese schönen Erfahrungen haben mich motiviert.

Wieder zu Hause angekommen, habe ich Schritt für Schritt aktiv versucht, diesen Gedanken zu verändern. Ich habe mir einen Zettel und einen Stift geschnappt und aufgeschrieben, was mich als Partnerin und Person ausmacht. Dabei habe ich festgestellt, dass ich wirklich mehr positive Eigenschaften besitze, als mir zu der Zeit bewusst war. Ich habe mir diesen Zettel in mein Notizbuch geklebt, das ich immer dabei hatte. So wurde ich täglich daran erinnert. In vielen Aktivitäten habe ich mich selbst reflektiert und mir Feedback geben lassen. Außerdem habe ich meine „besonderen Aktionen" erst mal reduziert, um zu schauen, ob sich dadurch etwas an der Wahrnehmung der anderen von mir verändert. Das hat es tatsächlich nicht. Das Witzige dabei ist, dass bis heute nur meine engsten Freund:innen von dieser Veränderung wissen, da man mir die Verunsicherung nie angemerkt hatte.

An meinem Beispiel siehst du deutlich, dass auch ein anderer Partner oder eine andere Partnerin nichts an deiner Selbstzufriedenheit ändern kann. Bleiben deine Baustellen die gleichen, wird deine nächste Beziehung ähnlich verlaufen. Du wirst weiterhin das Glück in einer anderen Person suchen. Nach einer Trennung wird es dir ähnlich schlecht gehen, weil ein Großteil von dir fehlt. Eben der, der deine Partnerin oder deinen Partner ausgemacht hat.

DAS TOLLE IST: DU SELBST BIST FÜR DEINE HAPPINESS VERANTWORTLICH.

Du kannst dir zu deinem Glück verhelfen.

Arbeite immer wieder an dir selbst, um glücklicher und zufriedener zu sein. Mach dir bewusst, was dir an deinem Partner oder deiner Partnerin wichtig ist, und finde dadurch jemanden, die oder der zu dir passt, damit du dein Glück teilen kannst.

UMSETZENSWERT

→ Falls du dich selbst noch nicht so gut kennst oder gar nicht weißt, was du eigentlich willst und brauchst, mein Tipp: **Packe deinen Rucksack und verreise allein oder mit deinem besten Buddy!**

Wichtig: Reise low budget und zwar für mindestens zwei Wochen. Nimm nur mit, was du selbst in einem Rucksack tragen kannst. So findest du schnell heraus, wo deine Grenzen sind und was du wirklich brauchst und willst.

→ Wenn du schon einen Partner oder eine Partnerin hast, reist zusammen, so werdet ihr schnell merken, wo ihr die gleiche Einstellung habt oder wo ihr ganz klar aneckt.

NACHDENKENSWERT

→ Schnapp dir ein paar Post-its und einen Stift. Nimm dir zehn Minuten Zeit und überlege dir: **Was sind meine Baustellen?**

→ Schreibe je eine auf einen Post-it und **ordne sie nach Priorität:** höchste Priorität nach oben.

→ Beginne mit deinem obersten Post-it. **Viel Erfolg!**

ERREICHENSWERT

→ Erstelle deine Checkliste. Dabei können dir folgende Fragen helfen:
- Welche **Werte** sind mir wichtig?
- Welche **Charaktereigenschaften** wünsche ich mir bei meinem Partner bzw. meiner Partnerin?
- Was sind **No-gos**?
- Wie stelle ich mir die **Kommunikation** vor?
- Welche **Aktivitäten** möchte ich gemeinsam ausüben können?
- Welche **Interessen** sollten wir teilen?
- Wie stelle ich mir seine **Freund:innen** bzw. sein Umfeld vor?
- Wie stelle ich mir meine zukünftige **Familie** vor?

→ Schneide deine Vorstellungen aus und ordne sie nach deiner Priorität.

→ Klebe sie auf ein neues Blatt und hänge den Zettel z. B. an die Innenseite deines Kleiderschrankes.

→ Checke jedes Jahr, ob du Ergänzungen oder Veränderungen an deiner Liste vornehmen möchtest.

→ Prüfe, ob dein Date bzw. deine Beziehung Zukunft hat oder nicht.

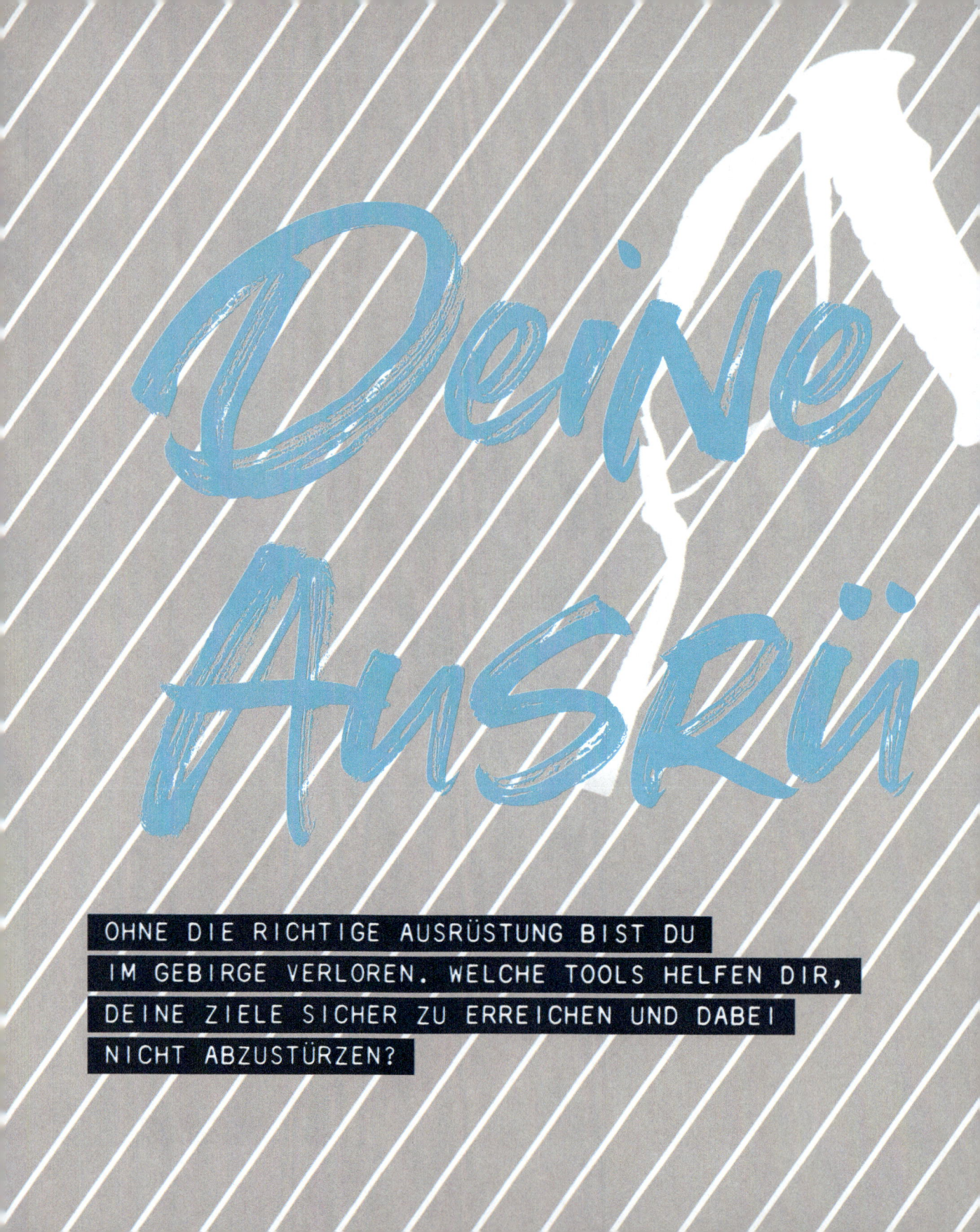

Deine Ausrü

OHNE DIE RICHTIGE AUSRÜSTUNG BIST DU IM GEBIRGE VERLOREN. WELCHE TOOLS HELFEN DIR, DEINE ZIELE SICHER ZU ERREICHEN UND DABEI NICHT ABZUSTÜRZEN?

120–135 | DEINE AUSRÜSTUNG >> 10 FINANZEN

STEPHAN CHOE

ist Partner bei EY Chicago, berät Unternehmen im Medizin- und Gesundheitsbereich mit bis zu 100 Mrd. € Umsatz, liebt Strategiespiele und verreist gerne mit seinen Freunden zu Spieleevents im Ausland.

Finanzen

WIE DEINE INNERE FREIHEIT ZU FINANZIELLER FREIHEIT FÜHRT

In diesem Kapitel möchte ich dir ein paar Tipps zum Umgang mit Geld geben. Geld bzw. kein Geld zu haben, hat in meiner Familie eine vielleicht noch größere Bedeutung als in anderen Familien. Meine Mutter ist in Südkorea aufgewachsen. Während ihrer Jugend in den Sechzigern war Südkorea eines der ärmsten Länder auf der Welt überhaupt, mit einem Jahres-Brutto-Inlands-Produkt von teilweise unter 100 € pro Person (das sind weniger als 10 € pro Monat!). Aus diesem Grund verließ sie als 20-Jährige Südkorea, um in Deutschland als Krankenschwester Geld zu verdienen und so ihre Geschwister, Nichten und Neffen in Südkorea buchstäblich zu versorgen. Die erfahrene bittere Armut hat meine Mutter sehr in ihrem Umgang mit Geld geprägt und vieles davon hat sie mir weitergegeben – zum Beispiel, wie wichtig es ist, zu sparen und ein Haushaltsbuch zu führen.

Die richtige Einstellung zählt

Als allererstes möchte ich jedoch klarstellen, dass Geld allein nicht glücklich macht. Ich saß einmal in einem sehr interessanten Vortrag von Prof. Daniel Gilbert, Professor der Psychologie an der Harvard Universität. Professor Gilbert hat sich auf die Wissenschaft des Glücklichseins spezialisiert. Laut seinen Studien erhöht ab einem Jahreseinkommen von etwa 75.000 $ jeder weitere Dollar nur noch minimal das „Glücklichsein". Mit anderen Worten: Jemand, der 75.000 $ im Jahr verdient, wird (zumindest in finanzieller Hinsicht) viel glücklicher sein

Geld allein macht nicht glücklich!

als ein armer Obdachloser, jedoch wird der reichste Mensch der Welt nur minimal glücklicher sein als derjenige mit dem Einkommen von 75.000 $, obwohl der reichste Mensch doch so viel mehr verdient.

Nun, je nach Berufswahl wirst du vielleicht nie ein Jahreseinkommen von 75.000 $ oder € erreichen. Aber das ist vollkommen okay. Dein Jahreseinkommen sagt nichts über deine Vermögenssituation aus. Du kannst viel Geld verdienen und trotzdem arm in Rente gehen.

GANZ WICHTIG: DEIN UMGANG MIT GELD IST EINE REFLEKTION DEINER INNEREN EINSTELLUNG UND DEINER DISZIPLIN.

Daher ist es wichtig, dass du so früh wie möglich die richtige Einstellung erlangst und Disziplin trainierst. Eine Studie des US National Endowment for Financial Education zeigt, dass ungefähr 70 % der Menschen, die unerwartet an eine große Summe Geld kommen (z. B. durch einen Lottogewinn), diese innerhalb von sieben Jahren komplett verlieren. Warum? Nicht, weil sie nicht genug Geld hatten, sondern weil ihnen die richtige Einstellung und Disziplin im Umgang mit Geld fehlte.

Warum Schulden abhängig machen

Du wirst mir sicherlich zustimmen, dass Schulden schlecht sind. Aber wusstest du, dass auch das überzogene Girokonto, die ausgereizte Kreditkarte oder das von der Familie und Freund:innen geborgte Geld Schulden sind? Gemäß einer Umfrage aus dem Jahr 2018 könnten 34 % der deutschen Haushalte im Notfall nicht mal 500 € aufbringen, ohne dafür Schulden zu machen. Schulden bedeuten Abhängigkeit und je mehr du dich verschuldest, desto mehr werden sich deine Gedanken, ja, dein ganzes Leben um die Schulden und Geld im negativen Sinne drehen.

Schulden nehmen dir die Freiheit

Ich war überrascht festzustellen, wie sehr sich auch die Bibel, die mir viele weise Ratschläge für mein Leben gibt, mit dem Thema Geld beschäftigt. So heißt es in Sprüche 22,7: *„Der Reiche hat die Armen in seiner Hand; denn wer sich Geld leiht, ist abhängig von seinem Gläubiger."* Sowohl die Bibel als auch meine Mutter ebenso wie Finanzexperten haben mich also eindrücklich vor der Schuldenfalle gewarnt und zu einem sorgfältigen Umgang mit Geld aufgefordert. Trotzdem dauerte es eine ganze Weile, bis ich diese Prinzipien selbst verstanden und umgesetzt habe.

In meinem Leben habe ich oft Geld von Familie und Freund:innen geborgt, mehrmals mein Girokonto überzogen und auch zweimal einen Kredit aufgenommen. Mit dem Wissen von heute würde ich vieles anders machen. Dass junge Menschen wie du so früh wie möglich den richtigen Umgang mit Geld lernen, war für mich die Motivation, dieses Kapitel zu schreiben.

Meine Mutter gab nie mehr aus, als sie verdiente, obwohl ihr höchstes Gehalt, das sie je verdiente und mit dem sie die vier Mitglieder unserer Familien ernähren musste, deutlich niedriger war als mein Einstiegshalt. Ich gebe zu, Ausgaben zurückzufahren ist am Anfang nicht leicht. Wir sind einfach nicht auf Verzicht programmiert.

Die Werbeindustrie erzählt uns das Gegenteil und wir wollen uns natürlich auch gerne selbst belohnen. Deshalb steigen unsere Ausgaben meistens mit der Zeit. Ich habe z. B. als junger Erwachsener Unsummen für Klamotten ausgegeben, die meiner Frau zufolge nicht einmal zu meinem Stil passten (autsch, das tat weh im doppelten Sinn)!

Kleine Veränderung mit großer Wirkung

Darren Hardy, der Autor des Buches „Die Gewinner-Formel" und ehemaliger Herausgeber des „SUCCESS"-Magazins, hatte einmal eine Mitarbeiterin, die sich bei ihm darüber beklagte, dass ihr Einkommen nicht hoch genug sei, um über die Runden zu kommen. Kommt dir das bekannt vor? Wenn du nur mehr verdienen würdest oder deine Eltern dir mehr Taschengeld geben würden, dann könntest du endlich anfangen zu sparen.

Wie reagierte Darren auf die Worte seiner Mitarbeiterin? Statt ihr einfach eine Gehaltserhöhung zu geben, bot er ihr an, sie zu coachen, wie sie mit ihrem Geld besser umgehen könne.

GEHALTS-ERHÖHUNG

Einer der Punkte, die er ihr beibrachte, war:

> **VERZICHTE AUF DINGE, DIE KEINEN GROSSEN EFFEKT AUF DEINE LEBENSQUALITÄT HABEN, SICH JEDOCH AUF DEIN BUDGET AUSWIRKEN.**

Statt des Kaffees bei Starbucks fing sie nun an, ihren eigenen, noch leckereren Kaffee zu kochen. Statt sich mit Freund:innen im Kino zu treffen und Popcorn zu essen, ging sie mit ihnen im Park spazieren. Darren forderte sie auf, jeden Monat ihre Sparquote um 1% zu erhöhen.

Warum 1%?

Weil 1% nicht schwer zu erreichen ist und oft nur eine kleine Verhaltensänderung erfordert. Nach zehn Monaten sparte und investierte sie schon 10% ihres Einkommens. Vorher hatte sie alles ausgegeben, was sie verdiente. Darren nennt es den „Zehnten für die eigene Zukunft". Ich empfehle dir, diesen „Zehnten" nicht auszugeben, sondern langfristig zu investieren. Wenn du schon 10% sparst/investierst, dann challenge ich dich, ob du nicht 15% oder gar 20% sparen/investieren kannst. Wenn du noch bei deinen Eltern lebst, dann bist du vielleicht sogar in der Lage, 50% oder noch mehr deines monatlichen Einkommens zu sparen/investieren. Mich hat fasziniert, dass Darrens Mitarbeiterin erkannte, dass kleine dauerhafte Veränderungen über einen langen Zeitraum eine sehr große Wirkung haben (das ist der „Compound Effect"). Ihre

Einstellung und Disziplin veränderten sich dramatisch. Sie wurde plötzlich in ihrem Beruf viel produktiver, bekam neue Aufgaben anvertraut, verdoppelte ihr Gehalt, machte sich später selbstständig und wurde eine erfolgreiche Millionärin.

Hier eine einfache kleine Rechnung, die dir das enorme Sparpotenzial von kleinen Veränderungen in deinem Konsumverhalten veranschaulicht. Nehmen wir mal an, du kaufst dir jeden Tag in der Pause einen Schokoriegel für 1 € am Kiosk. Wenn du auf den täglichen Schokoriegel verzichtest, kannst du in fünf Jahren etwa 1.000 € sparen:

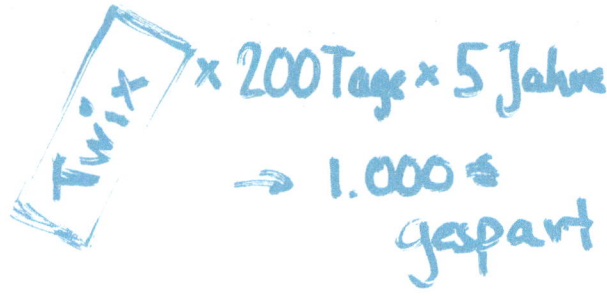

Ich gebe zu, ich war derjenige, der immer in der Schulpause mit den Freund:innen zum Kiosk gerannt ist. Ein Grund dafür war, dass ich nicht wollte, dass die anderen merken, dass meine Familie nicht so viel Geld hatte. Besser wäre es gewesen, diesen Betrag zu sparen oder die Snacks beim Discounter auf Vorrat einzukaufen und mit zur Schule zu bringen, wenn du nicht auf sie verzichten kannst.

> ES HAT SEHR LANGE GEDAUERT, BIS ICH VERSTANDEN HABE, DASS ICH VIEL GELD NUR DESHALB AUSGEGEBEN HABE, WEIL ICH DAZUGEHÖREN WOLLTE.

Dieser Gruppenzwang hörte beim Snack nicht auf. Später war es das Smartphone oder das Auto. Oft geben wir mehr aus, als wir uns eigentlich leisten sollten, nur weil wir uns immer mit anderen vergleichen und „cool und vermögend aussehen" wollen. Gerade Social Media hat diesen Druck nochmals enorm verstärkt.

Ich habe über 35 Jahre gebraucht, um richtig zu verstehen, dass ich erst einmal den Gruppen- und Konsumzwang überwinden muss, um ein Vermögen aufbauen zu können.

Warum du den Zinseszins nicht unterschätzen solltest

Und es wird noch besser. Oben hatte ich das Buch „The Compound Effect" erwähnt und möchte dir nun die Kraft des Zinseszinses veranschaulichen. Im Schokoriegel-Beispiel oben sparst du über einen Zeitraum von fünf Jahren 1.000 €. Nehmen wir mal an, du legst diese 1.000 € für 40 Jahre zu einer Rendite von 8 % an (was in etwa der durchschnittlichen historischen Rendite des DAX über einen Zeitraum von 30 Jahren entspricht), um das Geld für deine Altersvorsorge zu nutzen. Dann würde sich deine Anlage bei einer entsprechenden Rendite von 1.000 €

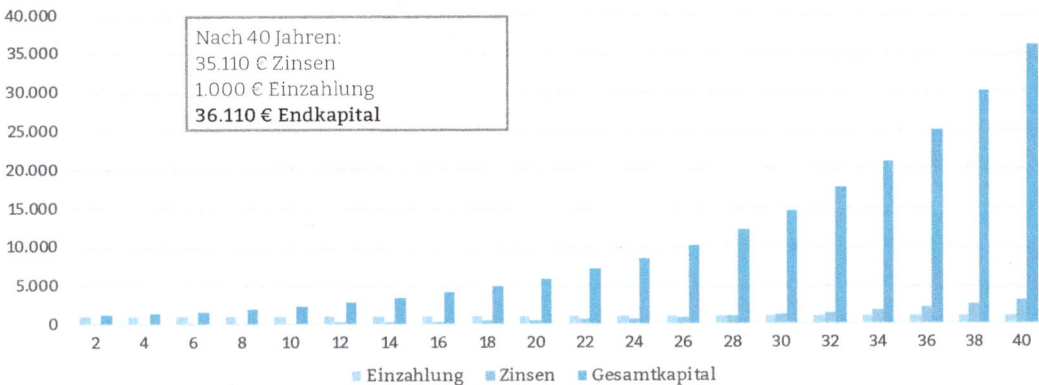

auf 36.110 € steigern, was einer Wertsteigerung von 3.611 % entspricht.

Natürlich könnte die durchschnittliche Rendite je nach Wertanlage und Situation in der Zukunft auch höher oder niedriger ausfallen. Eine absolute Sicherheit gibt es nicht. Dazu kommen auch weitere Faktoren wie Dividende (die eine zusätzliche Rendite darstellen) und Inflation und Steuern (welche die Wertsteigerung mindern). Mir geht es jedoch hier vor allem darum, dir die Kraft der Zeit im Zusammenhang mit dem Zinseszins zu veranschaulichen. Ich möchte dir beides noch etwas näher erläutern.

Ein reicher Mann

Jeff Olson verdeutlicht die Kraft des Zinseszinseffekts in seinem Buch „The Slight Edge" anhand einer sehr interessanten Geschichte: Ein reicher Mann rief kurz vor seinem Tod seine zwei Kinder zu sich, um ihnen ein Geschenk zu überreichen. Beide Kinder hatten jeweils die Möglichkeit, zwischen zwei Geldbörsen zu entscheiden. Die erste Geldbörse enthielt eintausend 1.000 $-Scheine – eine Million Dollar in bar. Die andere enthielt einen Penny. Der Vater machte seinen Kindern folgendes Angebot:

„Ihr könnt entweder die eine Million Dollar oder den einzelnen Penny haben. Egal, wofür ihr euch entscheidet: Ihr müsst das Geld in der Geldbörse für einen Monat in der Treuhand meines Butlers lassen. Dieser Wartemonat gibt euch Zeit, um zu überlegen, wie ihr das Geld nutzen wollt. Das Geld in den Börsen, welches ihr nicht nutzt, wird wohltätigen Zwecken überlassen. Wenn ihr euch für die Million entscheidet, dürft ihr euch bei meiner Hausbank bis zu einer Million auszahlen. Falls ihr euch für den Penny entscheidet, dürft ihr euch diesen auch auszahlen lassen. Jedoch habe ich meinem Butler die Anweisung gegeben, für jeden Tag, den ihr das Geld in der Börse lasst, den entsprechenden Betrag zu verdoppeln, solange er das Geld verwaltet."

Ein Kind entschied sich für die Million und engagierte ein großes Team an Vermögensberater:innen, Analyst:innen und Expert:innen, um das Geld bestmöglich zu investieren. Das andere Kind entschied sich für den Penny und ließ diesen unberührt. Nach einem Monat erhielt das erste Kind die Nachricht, dass seine Investments auf 1,5 Millionen $ angewachsen waren, aber dass die Kosten für das Expert:innenteam diesen Betrag überstiegen und er nun sogar 250.000 $ Schulden hatte. Das zweite Kind jedoch erhielt die unberührte Geldbörse. Der eine Penny hatte sich jeden Tag verdoppelt und war nun auf einen Betrag von über 10 Millionen $ angestiegen.

DIESE GESCHICHTE ENTHÄLT GLEICH ZWEI GROSSARTIGE LEHREN:

1. Viele vertrauen die Anlage ihres Geldes Berater:innen an und dies kostet Geld, unter Umständen sogar sehr viel Geld (schließlich wollen die Berater:innen ja auch von irgendetwas leben – nämlich von den Verkaufsprovisionen und Vermögensverwaltungsgebühren). Daher solltest du genau überlegen, wann du deine finanziellen Entscheidungen Berater:innen überlässt. Meiner Meinung nach ist das Thema Finanzen einfach zu relevant, um es ohne jegliche eigene Kenntnis anderen Personen zu überlassen. Expert:innen wie Steuerberater:innen können sehr

Jeder Tag macht einen Unterschied

hilfreich sein, um nicht unnötige Steuern zu zahlen. Eine gewisse Grundkenntnis und ein Grundinteresse zum Thema Finanzen ist jedoch extrem wichtig.

2. Menschen unterschätzen immer wieder die Wirkung des Zinseszinseffektes. In der Geschichte hatte das zweite Kind sich alles genau durchgerechnet und konnte deswegen ein Vielfaches (mehr als das Zehnfache) an Erbe bekommen als das erste Kind. Dies war in der Geschichte nur möglich, weil es das Geld beim Butler „investierte", sodass es sich vermehren konnte.

Um den Zinseszinseffekt nutzen zu können, braucht es aber Zeit und Geduld. Das Gute ist, dass du als junger Mensch den Faktor Zeit für dich arbeiten lassen kannst. Die Frage ist nur: Hast du die entsprechende Geduld?

Nehmen wir mal an, du willst in 50 Jahren in Rente gehen. Du investierst 100 €, welche bei einer durchschnittlichen Rendite von 8 % auf 5.457 € anwachsen! Selbst bei einer angenommenen Inflation von 3 % (also einer Realverzinsung von 5 %) hättest du nach 50 Jahren 1.200 € in heutiger Kaufkraft zur Verfügung. Ich habe ein wenig weitersimuliert.

Nehmen wir mal an, du schaffst es, über die nächsten 50 Jahre jeden Monat 100 € mit 8 % anzulegen. In diesem Fall hättest du mit einem Einsatz von insgesamt 60.000 € ein Vermögen von 803.613 € zur Verfügung.

Angenommen, du willst mit 60 Jahren 100.000 € in Anlagen zur Verfügung haben. Unten findest du bei einer angenommenen täglichen Verzinsung von 8 % die jeweiligen notwendigen monatlichen Beträge, die du investieren müsstest:

Jedes Jahr (jeder Tag, um genau zu sein), den du früher anfängst zu investieren, macht einen riesigen Unterschied. Wenn du heute mehr investierst, hast du später mehr von deinem Einkommen zur Verfügung. Dieses finanzielle Grundwissen lernt man leider nicht in der Schule.

Beginn der Investition	Monatliche Einzahlung	Gesamt-investition
Mit 55 Jahren	1.356 €	84.672 €
Mit 50 Jahren	545 €	67.961 €
Mit 45 Jahren	288 €	53.849 €
Mit 40 Jahren	169 €	42.141 €
Mit 35 Jahren	105 €	32.592 €
Mit 30 Jahren	67 €	24.930 €
Mit 25 Jahren	43 €	18.875 €
Mit 20 Jahren	29 €	14.157 €
Mit 15 Jahren	19 €	10.528 €

Fünf Schritte zur finanziellen Vorsorge

Ich werde dir nun fünf Schritte vorstellen, welche dir helfen, finanziell vorzusorgen. Finanzielle Reserven sind extrem wichtig. Je älter du wirst, desto wichtiger werden sie, und zwar unabhängig davon, ob du später Anspruch auf Arbeitslosengeld oder Sozialhilfe hättest. Zum Leben gehören nun einmal unschöne Überraschungen dazu und sie werden größer, je älter du wirst. Das kann ein gestohlenes Fahrrad sein, ein Blechschaden an deinem Auto, ein kaputtes Handy oder, wie in meinem Fall, ein Wasserschaden an meinem Haus, während ich dieses Kapitel schreibe, der mich trotz Versicherung noch einen mittleren vierstelligen Betrag kostet. Erinnerst du dich noch an die 34 % der deutschen Haushalte, die im Notfall nicht einmal 500 € aufbringen, ohne dafür Schulden zu machen? Die folgenden fünf Schritte helfen dir, eine solide finanzielle Basis aufzubauen. Sie dienen nur als Richtlinie, du kannst die Schritte anpassen. Das Wichtigste ist, einen soliden Plan zu haben.

SCHRITT 1:

Spare eine Mini-Notfallkasse an. Für den Beginn schlage ich dir 200 € vor. Solltest du dich bereits selbst versorgen und nicht mehr bei deinen Eltern leben, dann empfehle ich dir mindestens 1.000 €. Dies bedeutet, dass du zu jedem Zeitpunkt mindestens 200 € (1.000 €) auf deinem Girokonto haben solltest. Auch an dem Tag vor deiner nächsten Gehaltsüberweisung!

SCHRITT 2:

Sobald du deine Notfallkasse angespart hast, zahle alle deine Schulden ab. Manchmal sind Schulden unerlässlich, z. B. im Rahmen einer Immobilienfinanzierung. Doch auch bei Schulden greift der Zinseszinseffekt, deshalb musst du sie wann immer möglich vermeiden, insbesondere den überzogenen Dispo, den Konsumkredit (allein der Name „Konsumkredit" sollte dich stutzig machen). Als Schulden gelten übrigens auch nicht zeitlich ausgeglichene Kreditkarten und Ratenkäufe, selbst wenn diese zu einem 0 %-Zins angeboten werden.

SCHRITT 3:

Sobald du deine Schulden abbezahlt hast, spare eine Geldreserve in Höhe von drei Monatsausgaben an. Dieses Ziel könnte sehr ambitioniert erscheinen, wenn du bereits ein regelmäßiges Einkommen durch einen Nebenjob hast und gewohnt bist, dein Geld regelmäßig auszugeben. Ich erinnere mich noch ganz genau, wie ich einen Großteil des selbstverdienten Ferienjobgeldes für Fußballschuhe, einen DVD-Player und Kleidung ausgab. Wenn dies auch bei dir der Fall ist, dann müssen wir schleunigst über die Höhe deiner Ausgaben reden. Wenn du 20 % deines Nebenjobeinkommens sparst, erreichst du deine 3-Monats-Reserve schon in 12 Monaten. So hast du größere finanzielle Reserven für den Beginn deiner Ausbildung, deines Berufs oder Studiums zur Verfügung.

4. SCHRITT:

Hast du Schritt 3 erfüllt, bist du finanziell bereits erfolgreicher als ein Großteil der Bevölkerung. Fange nun an, für größere Ausgaben zu sparen. Sobald du einen bestimmten Betrag gespart hast, wirst du merken, dass die Verlockung groß sein wird, dir etwas Teures zu gönnen. Vielleicht planst du eine Reise mit Freund:innen oder würdest gerne das neuste MacBook haben. Statt von Schritt 3 wieder auf Schritt 1 oder gar auf Schritt 0 zurückzufallen, solltest du derartige Ausgaben nur tätigen, wenn du dafür separat gespart hast. Du kannst zum Beispiel eine Extra-Spardose oder ein Sparkonto nutzen.

SCHRITT 5:

Der letzte Schritt für dich als junge:r Erwachsene:r ist es, mindestens 10 % deines Einkommens in deine Altersvorsorge zu investieren. Wow, das hört sich ziemlich verrückt an, oder? In die Altersversorgung zu investieren, bevor du überhaupt angefangen hast, richtig zu arbeiten und Geld zu verdienen. Aber das Beispiel von oben zeigt, wie wichtig es ist, früh mit dem Investieren anzufangen. Grundsätzlich empfehle ich langfristige, kapitalmarktbasierte Investitionspläne mit monatlichen Einzahlungen, die nur einen geringen Aufwand verlangen und geringe

Kosten verursachen, wie z. B. einen Indexfond. Bekannte Indexfonds sind DAX-ETFs, mit denen du in alle 40 deutschen DAX-Unternehmen gleichzeitig investierst, oder ein S&P 500-ETF, welcher die 500 größten börsennotierten US-amerikanischen Firmen abbildet. Ich bin nicht gegen Aktien, im Gegenteil, Aktien können eine sehr sinnvolle Anlage darstellen. Ich bin jedoch der Meinung, dass du erst in Aktien investieren solltest, nachdem du gelernt hast, regelmäßig zu sparen. Langfristig empfehle ich dir, mehr als nur die 10 % zu investieren. Ich sehe die 10 % wirklich als das Minimum an, die jeder investieren sollte. Auch wenn du minderjährig bist, kannst du ein Depot mit der Zustimmung deiner Eltern eröffnen. Oft haben diese Depots sogar noch günstigere Konditionen als für Erwachsene.

Leider ist es unsere Gier und oder unsere Ungeduld, die viele von uns vom langfristigen und regelmäßigen Investieren abhält.

In dem Buch „Million Dollar Habits" von Robert Ringer gibt es zwei Dinge, die im Zusammenhang mit Finanzen relevant sind:

- Erfolgreiche Menschen leben in der Gegenwart. Sie verschieben ihre Taten nicht auf morgen, sondern tun das, was sie heute tun können. Verschiebe das Thema Finanzen nicht auf morgen, sondern fange heute an, Ausgaben zu streichen, nach Möglichkeiten zu schauen, um dein Einkommen zu erhöhen und nach Anlagemöglichkeiten zu suchen.

- Erfolgreiche Menschen treffen Entscheidungen nicht aufgrund von Annahmen, sondern setzen sich mit den Fakten auseinander. Fange also an, dich heute mit den Fakten zum Thema Finanzen auseinanderzusetzen.

Die vier Quellen

Robert T. Kiyosaki stellt in seinem Buch „Rich Dad's Cashflow Quadrant" vier Quellen des Geldzuflusses vor:

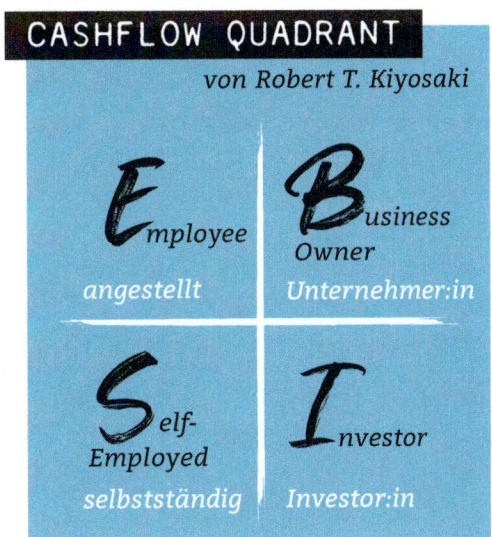

1. Einkommen als Angestellte:r, was sicherlich auf die meisten von uns zutreffen wird.

2. Einkommen als Selbstständige:r, z. B. eine eigene Arztpraxis.

3. Einkommen aus Investitionen, z. B. Aktienfonds, Aktien, einer vermieteten Immobilie.

4. Einkommen aus einem Unternehmen. Dies könnte auch ein Anteil (Eigenkapital) an einem Unternehmen sein.

Robert Kiyosaki stellt die These auf, dass es sehr schwer ist, vermögend zu werden, solange wir unser Einkommen nur aus einer Quelle beziehen und uns nur in einem Quadranten auskennen. Ich stimme ihm zu. Selbst wenn wir einen gut bezahlten Job haben oder uns schon selbstständig gemacht haben, müssen wir immer noch wissen, wie wir unser verdientes Geld richtig investieren. Ich muss hier an die vielen Sportstars denken, die während ihrer Karriere unglaublich viel Geld verdient haben, jedoch später mit leeren Händen dastehen, weil sie das Geld während der aktiven Karriere nicht oder falsch investiert und verloren haben.

Warum du dir ein Budget setzen und dich daran halten solltest

2007 war ich mit Sung (der mit seiner Frau Sabrina die Idee für dieses Buch hatte) und Judy, einer gemeinsamen Freundin, mit dem Rucksack in Indien unterwegs. Wir besichtigten gerade die Stadt Jaipur im Norden Indiens, als Judy uns erzählte, wie sie selbst während ihres mehrjährigen Jugendmissionseinsatzes in Südafrika, als sie nur wenig Geld zur Verfügung hatte, immer regelmäßig gespart hatte. Judy erklärte uns, wie wichtig es sei, Budget zu führen und sich daran zu halten. Sung und ich schauten uns nur

Reich!

an und fühlten uns ertappt, hatten wir doch gerade einen großen Teil unserer Finanzen für diese Reise verwendet und genau das Gegenteil praktiziert, frei nach dem Motto:

„WIR LEBEN NUR EINMAL."

Damit sage ich nicht, dass du nicht wunderbare Reisen durchführen solltest wie Sung und ich, sondern dass du solche Reisen planen und entsprechend zurücklegen solltest. Das geht nur, wenn du ein monatliches Budget aufstellst und dich daran hältst. Vielleicht denkst du dir jetzt, dass du ja gar keine großen Ausgaben hast. Umso besser, je früher du dir diese Angewohnheit zu eigen machst, desto besser. Eine extreme, wenn auch sehr effektive Form des monatlichen Budgets ist es, keine Kredit- und EC-Karten mehr zu benutzen und alles mit Bargeld zu bezahlen. Wenn du dir dann noch für alle Ausgaben beschriftete Briefumschläge zulegst, in die du dann das entsprechende monatliche Budget legst (z. B. 50 € für das Ausgehen mit Freund:innen), dann hast du in der Tat die volle Kostenkontrolle. Ich führe seit 2004 ein Haushaltsbuch und bin überzeugt, dass es mir ungemein geholfen hat. Auch wenn es richtig unangenehm ist zu sehen, dass ich mein monatliches Sparziel verfehlt habe, so ist es doch ungemein wichtig.

Viele Menschen geben einen zu hohen Anteil ihres Einkommens für die Miete, das Auto und den Urlaub aus und können daher nie anfangen ernsthaft zu sparen/investieren. Vielleicht wäre es auch für dich daher ratsam, mit dem ersten Geld nicht direkt in die eigene Wohnung zu ziehen, sondern länger bei deinen Eltern zu wohnen oder in einer Wohngemeinschaft. Alles Sparen bei den vielen kleinen Dingen wird dir nichts helfen, wenn du auf der anderen Seite super große Ausgaben für die Wohnung oder ein Auto hast.

DENKE DARAN, DASS DIEJENIGEN, DIE REICH AUSSEHEN, OFT NICHT DIEJENIGEN SIND, DIE TATSÄCHLICH REICH SIND.

Ich empfehle dir, jeweils einen maximalen Prozentsatz deines Einkommens festzulegen, den du je Kategorie maximal ausgeben wirst, am besten, bevor du dein erstes richtig großes Gehalt verdienst.

Was dich wirklich reich macht

Ich hatte dir von meiner Mutter erzählt, die der Armut wegen nach Deutschland gekommen war. Obwohl sie hier in Deutschland als Teilzeit-Krankenschwester nie viel Geld verdiente und wir als Familie an oder zum Teil unter der Armutsgrenze lebten, ließ sie sich nie entmutigen, sondern sparte immer für unsere Familie. Damit konnte sie meinem Bruder und mir Dinge wie Klassenfahrten, Jugendfreizeiten, den Führerschein oder eine China-Reise nach dem Abi ermöglichen. Ich werde nie vergessen, wie meine Mutter, schwer gezeichnet von ihrer Krebskrankheit, mich wenige Monate vor ihrem Tod zur Seite nahm und mir einen hohen fünfstelligen Betrag in Form von 500€-Scheinen in die Hände drückte, den sie für ihre Enkelkinder gespart hatte. Auch wenn sie nie über ein hohes Einkommen verfügte, so hatte sie doch ihr ganzes Leben immer etwas gespart und war gleichzeitig großzügig anderen Menschen und der Kirche gegenüber. Bei ihrem Abschiedsgottesdienst erinnerten sich viele Freunde an die vielen kleinen Geschenke und Aufmerksamkeiten, die sie von meiner Mutter erhalten hatten.

Mir persönlich geht es nicht darum, so viel Geld wie möglich anzuhäufen (ich muss hier immer an Dagobert Duck denken), sondern meine Finanzen für sinnvolle Dinge einzusetzen. In dem oben erwähnten Vortrag von Prof. Gilbert hieß es auch, dass Geben glücklicher macht als Nehmen. Vielleicht habt ihr auch schon von dem Bibelwort „Geben ist seliger als Nehmen" gehört. Es ist wirklich gut zu wissen, dass Geben nicht nur seliger ist, sondern uns auch glücklicher macht. Von daher möchte ich dich ermutigen, früh mit dem Geben anzufangen. Ich persönlich gebe mit meiner Familie einen Teil unseres Einkommens an unsere Kirchengemeinde, für soziale Projekte und bedürftige Menschen.

Mach Geben zu einer Gewohnheit

Gary Keller gibt in seinem Buch „The One Thing" folgende Definition finanziell reicher Menschen:

Finanziell reich sind diejenigen, die genug Geld generieren, um ihr Lebensziel zu finanzieren, ohne dafür zu arbeiten.

Wenn du finanziell reich sein möchtest, musst du also dein Lebensziel kennen. Ansonsten wirst du niemals wissen, ob und wann du genug Geld hast. Ich finde es richtig stark, dass Gary finanziellen Reichtum mit unserem Lebensziel verknüpft. Ein sehr beeindruckendes Beispiel dafür ist Georg Müller. Er kümmerte sich Mitte des 18. Jahrhunderts in England um über 10.000 Waisenkinder und baute fünf Waisenhäuser, ohne jemals Schulden zu machen. Die Häuser kosteten etwa 100.000 britische Pfund, was je nach Rechnung heute ungefähr 10 Millionen € entspricht. Auch wenn Georg Müller das Geld nicht für sich, sondern für andere verwendete, war er doch nach Gary Kellers Definition finanziell reich, da er seinem Lebensziel, der Unterstützung von Waisenkindern, nachgehen konnte.

NACHDEM ICH ALLE OBEN BESCHRIEBENEN LEKTIONEN VERSTANDEN UND DIE ENTSPRECHENDEN SCHRITTE ANGEWANDT HATTE, FINGEN SICH MEINE FINANZEN AN ZU VERBESSERN.

Es wäre toll gewesen, wenn ich diese Schritte schon vorher verstanden hätte. Ich hätte meiner Mutter helfen können, das Geld entsprechend zu investieren und zu vermehren. Das, was ich von ihr gelernt habe, das Sparen und Geben, hat mir jedoch eine gute Basis gegeben. Dir wünsche ich nun viel Spaß beim aktiven Erlernen des Umgangs mit Finanzen.

Und vergiss nicht: Dein Umgang mit Geld ist eine Reflektion deiner inneren Einstellung.

Dein monatlicher Budget-Plan

EINKOMMEN

Nettoeinkommen (gesamt)	
Kindergeld	
Staatliche Gelder	
Andere	
Total	

UNREGELMÄSSIGE AUSGABEN

Einkäufe	
Hotel/Restaurant/Café	
Kultur	
Kleidung	
Entertainment	
Geschenke	
Urlaub/Reisen	
Kfz-Steuer	
Kirchensteuer	
Versicherungen	
Andere	
Total	

FIXE AUSGABEN

Miete/Hypothek	
Mobilität (Bahntickets)	
Studienkredit/BaföG	
Wasserrechnung	
Stromrechnung	
Internet + TV	
GEZ	
Telefon/Handy	
Netflix o.ä.	
Spotify oder Apple Music	
Sport/Fitnessstudio	
Bankkonto-Gebühren	
Spende	
Andere Kosten (z. B. Haustiere)	
Total	

SPAREN/INVESTIEREN

Total	

GESAMT

Gesamtes Einkommen	
- gesamte fixe Ausgaben	
- gesamte unregelm. Ausgaben	
- gesamt Sparen/Investieren	

GESAMTBILANZ

UMSETZENSWERT

➡ **Überlege**: Welche regelmäßigen Ausgaben kannst du einsparen, ohne deine Lebensqualität einzuschränken?

➡ Suche dir **nur eine Ausgabe** aus, die du ab heute einsparen wirst! Wofür möchtest du das eingesparte Geld stattdessen investieren (z. B. ein Musikinstrument, ein Auto oder eine Reise ...)?

➡ Zahle den **eingesparten Betrag** regelmäßig in deine Spardose / dein Sparkonto ein. Du wirst überrascht sein, wie schnell sich das Geld ansammelt, ohne dass du viel machen musst. Viel Spaß beim Investieren in deine eigene Zukunft!

ERWÄHNENSWERT

➡ Darren Hardy, „Die Gewinnerformel: Für Erfolg auf ganzer Linie Beruf, Finanzen, Privatleben", Goldmann 2020.

➡ Jeff Olson, „The Slight Edge: Der kleine Vorsprung", Life Success Media 2016.

➡ Robert Ringer, „Million Dollar Habits", Baker 1990.

➡ Robert T. Kiyosaki, „Cashflow Quadrant", FinanzBuch 2014.

➡ Gary Keller, „The One Thing: Die überraschend einfache Wahrheit über außergewöhnlichen Erfolg", Redline 2017.

ERREICHENSWERT

➡ Auf der vorherigen Seite findest du eine Tabelle für deine **monatliche Budget-Planung**.

➡ **Erstelle einen Plan**: Wie viel möchtest du monatlich wofür ausgeben? Achte darauf, dass deine geplanten Ausgaben dein Budget nicht überschreiten.

➡ Erfasse **einen Monat lang** deine tatsächlichen Ausgaben. Konntest du deinen Plan einhalten? War er realistisch oder musst du ihn anpassen?

➡ **Wiederhole das** zum Ende jedes Monats. Du wirst sehen, dass du mit der Zeit eine viel bessere Kontrolle über deine Finanzen haben wirst.

TABELLE ZUM DOWNLOAD

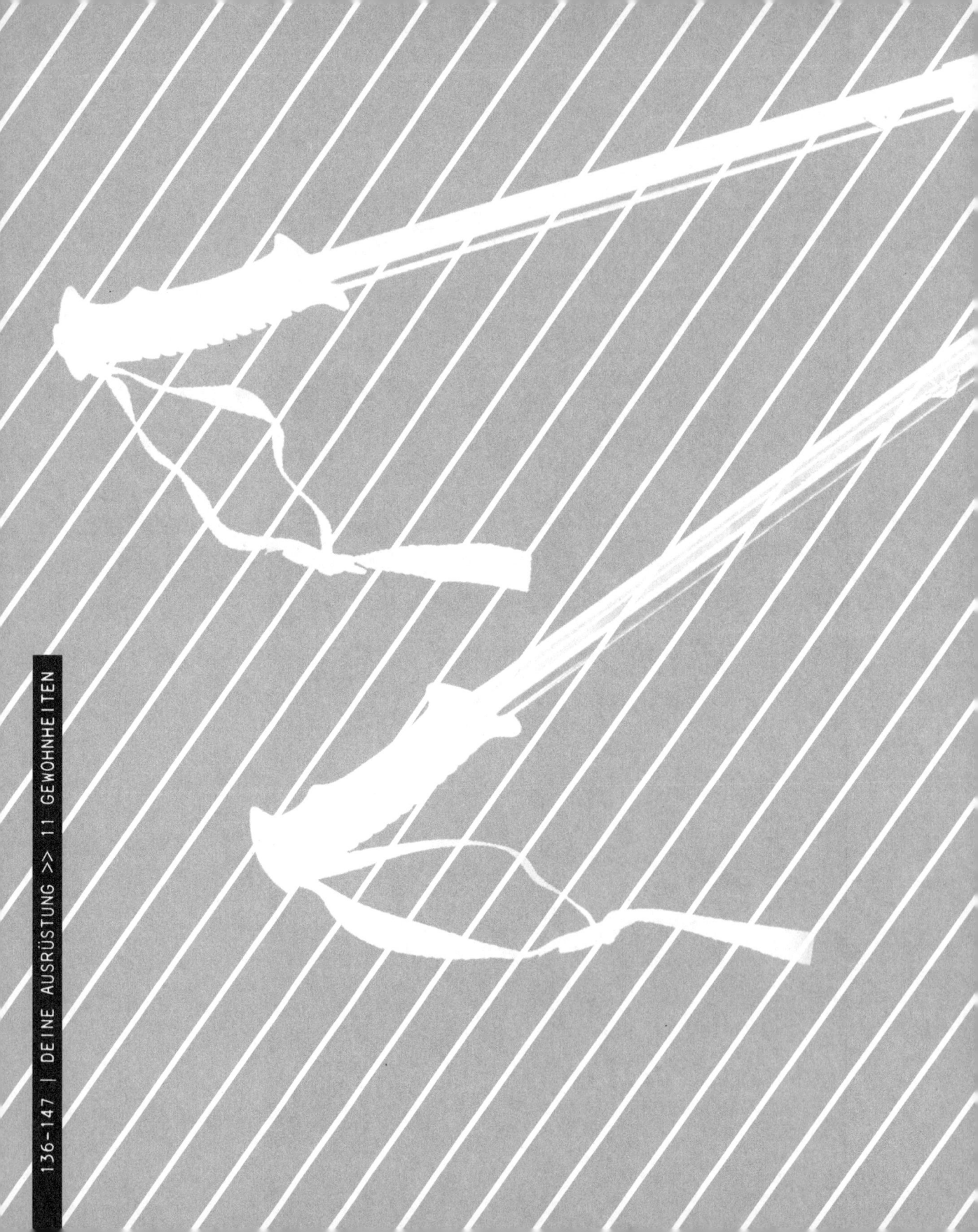

LUKAS HONG

ist Geschäftsführender Gesellschafter bei der Deutschen Immobilien und Monteurzimmer GmbH und der SW Dienstleistung GmbH, liebt gute Bücher, Sport und ist durch und durch Unternehmer.

Gewohnheiten

WIE DEIN LEBENSSTIL DICH ZU DEINEM ERFOLG FÜHRT

Hast du schon einmal von Dave Brailsford gehört? Er wurde 2003 als Sportdirektor des britischen Radprofiverbands eingestellt. Und er hatte eine herausfordernde Aufgabe: In hundert Jahren war es den Briten nur einmal gelungen, eine Olympische Goldmedaille zu gewinnen, und bei der Tour de France hatten sie noch nie einen Sieg errungen.

Als Brailsford eingestellt wurde, verbrachte er 90 % seiner Zeit damit, sein Team zu beobachten, Verbesserungspotenziale zu erkennen und umzusetzen. Er suchte in allen Bereichen nach Verbesserungsmöglichkeiten, z. B.:

1. Welchen Einfluss hatten die Teammitglieder auf das Team? Alle mit negativer Haltung wurden aus dem Team geworfen, unabhängig davon, wie talentiert sie waren.

2. Wie viel Erfolgshunger brachten die Athleten mit? Wer nicht genug Einsatz geben konnte oder wollte, wurde gefeuert.

3. Die Reifen wurden mit Alkohol abgerieben, um einen besseren Grip zu erhalten.

4. Chirurg:innen wurden engagiert, die zeigten, wie man sich am besten die Hände wäscht.

5. Es wurde getestet, mit welcher Art von Kissen und Matratzen die einzelnen Fahrer am besten schliefen.

6. Um kleine Staubfetzen zu erkennen, wurden die Innenwände der Team-LKWs weiß lackiert, damit die Leistung der hochempfindlichen Fahrräder nicht beeinträchtigt wurde.

Minimale Verbesserungen

So kamen viele hundert minimale Verbesserungen zusammen.

Nach einigen Jahren spiegelten die Ergebnisse all die Bemühungen wider: Von 2007–2017 gewannen britische Radsportler 178 Weltmeisterschaften, 66 Olympische oder Paralympische Goldmedaillen und fünf Mal die Tour de France. Das gilt als erfolgreichste Siegesserie der Radsportgeschichte.

DIE VERÄNDERUNG VON GEWOHNHEITEN ENTSCHEIDET ÜBER ERFOLG, MISSERFOLG, GLÜCK UND ZUFRIEDENHEIT – AUCH IN DEINEM LEBEN.

Ich möchte dir in diesem Kapitel ein paar Grundlagen zum Thema Gewohnheiten mitgeben und dann auf einige Gewohnheiten eingehen, die zu Erfolg, Reichtum, Glück, Anerkennung und Gesundheit beitragen.

Wer du bist, bestimmt, was du tust

Bevor du dir neue Gewohnheiten aneignest, ist es wichtig zu klären, welche Identität du besitzt und welche Ziele du mit deinen Gewohnheiten erreichen möchtest. Stell dir einen jungen Mann vor, nennen wir ihn Nick, der vor allem auf Spaß, Konsum und ein leichtes, cooles Leben aus ist. Wie verhält sich Nick im Alltag? Er wird sich immer wieder für TikTok, Instagram, Netflix, leckeres ungesundes Essen, ähnlich denkende Freunde, schicke Sachen und teure Handys entscheiden. Diese Verhaltensweisen werden durch ständige Wiederholungen zu seinen Gewohnheiten. Und diese Gewohnheiten führen zu entsprechenden Ergebnissen: Nick wird mittelfristig Probleme mit der Gesundheit haben und übergewichtig werden, keine Anerkennung im Leben erhalten und keine größeren Ziele erreichen.

Ein zweiter junger Mann, wir nennen ihn Tom, träumt davon, ein erfolgreicher Unternehmer zu werden. Das bedeutet: Er beschäftigt sich mit erfolgreichen Unternehmer:innen, studiert deren Verhaltensweisen und liest ihre Bücher. Tom folgt diesen Menschen auf YouTube und studiert ihre Entscheidungen. Sein Verhalten wird sich seinen Vorbildern entsprechend entwickeln. Am liebsten verbringt Tom Zeit mit Menschen, die ähnlich denken wie er und ebenfalls das Ziel haben, etwas zu reißen.

Nick sieht sich als Konsument, Tom als Unternehmer. Die Verhaltensweisen beider werden beeinflusst durch ihre Identität, welche wiederum ihre Gewohnheiten beeinflusst.

Wie siehst du dich?

Deshalb ist es ganz wichtig, als was du dich selbst siehst. Was ist dein Ziel? Wenn du nachhaltig glücklich und zufrieden werden möchtest, sollte es dir *nicht* darum gehen, „gut anzukommen", tolle schicke Sachen zu besitzen oder reich oder berühmt zu sein. Ein lohnenswertes Ziel ist es z. B., der beste Instagramer zu werden. Eine der besten Unternehmerinnen zu werden. Der oder die beste Fußballer:in zu werden – einfach, das Beste aus deinen Möglichkeiten zu machen. Menschen mit einer solchen Identität werden alles dafür tun, ihr Ziel zu erreichen. Das bedeutet, sie werden ihre Verhaltensweisen anpassen und folglich gute Gewohnheiten entwickeln.

> **DER ERSTE UND WICHTIGSTE SCHRITT, UM DIE RICHTIGEN GEWOHNHEITEN ANZUNEHMEN, IST ALSO, DAS RICHTIGE ZIEL AUSZUWÄHLEN UND ES MIT ALLEN MITTELN KONSEQUENT UND STETIG ZU VERFOLGEN.**

Wie finde ich meine richtige Identität und Ziele?

Die nebenstehende Grafik zeigt, wie du deine Identität und deine Ziele feststellen kannst. Auf der X-Achse steht die Frage, welche Interessen, Träume und Motivationen du hast. Was weckt in dir den Hunger nach mehr? Wofür bist du bereit, richtig viel Zeit, Kraft und Engagement aufzubringen und andere Ziele und Wünsche zurückstellen? Die Y-Achse fragt danach, wieviel Talent und Fähigkeiten du für verschiedene Tätigkeiten besitzt. Durch die Aufteilung entstehen vier Quadranten. Lass mich einmal anhand meines eigenen Beispiels die Quadranten erklären:

Der erste Quadrant heißt „Potenzial verschwendet". In diesen Quadranten passen meine Fähigkeiten und mein Interesse für Kunst. In der Schule bekam ich in diesem Fach häufig eine Zwei oder auch eine Eins. Allerdings ergab mein Persönlichkeitstest bei „Big Five Aspect Scale", dass ich von hundert Personen im Raum der Letzte bin, der sich für Kunst interessieren wird. Wenn ich meine Arbeitszeit in der Kunstwelt verbringen würde, wäre ich dermaßen unmotiviert, dass meine Ergebnisse nicht meinem Talent entsprechen würden. Hier sollte ich weder meine Berufung noch meine Identität suchen!

Der zweite Quadrant heißt „Worst Case". In diesen Quadranten passen meine Fähigkeiten und meine Interessen für die Wirtschaftsprüfung. Allerdings bin ich auch hier

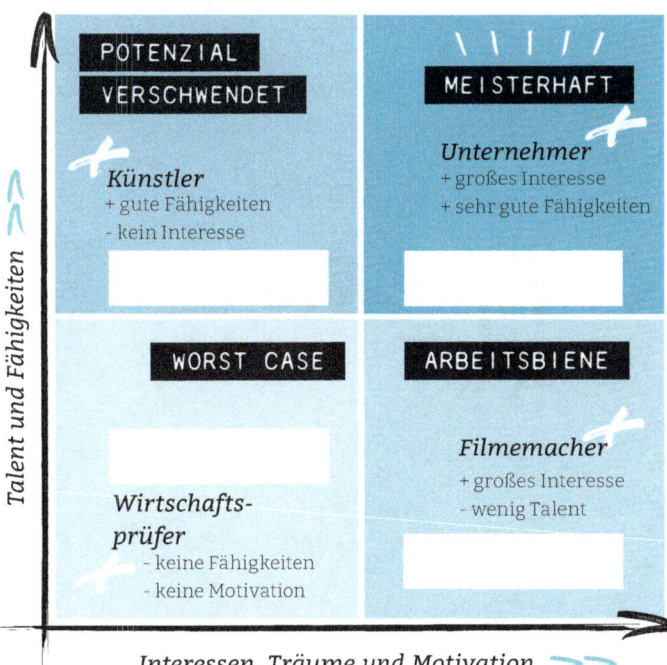

Worst Case

laut Persönlichkeitstest völlig unfähig. Ich bin von hundert Personen der Vorletzte, der gerne detailverliebt arbeitet. Wirtschaftsprüfer:innen sollten diese Eigenschaft besitzen. Zudem wäre ich komplett unmotiviert und desinteressiert, die Zahlen anderer Menschen zu prüfen. Wäre ich von Beruf Wirtschaftsprüfer, würde ich voraussichtlich ständig arbeitslos sein, weil ich unfähig und unmotiviert wäre.

Der dritte Quadrant heißt „Arbeitsbiene". In diesen Quadranten passen meine Fähigkeiten und mein Interesse an Medientechnik. Schon lange wünsche ich mir, kleine Dokumentationen oder Filme zu drehen und mir alles dafür Nötige beizubringen. Wenn ich allerdings ehrlich zu mir bin, weiß ich, dass ich in diesem Bereich keine Talente oder Fähigkeiten besitze. Wäre ich in diesem Bereich tätig, würde ich fleißig arbeiten, allerdings nur mittelmäßige Ergebnisse erzeugen.

Meisterhaft

Der vierte Quadrant heißt „Meisterhaft". In diesem Quadraten kommen meine Talente, Fähigkeiten, Träume, Motivation und Leidenschaft zusammen. Seit meiner Jugend verschlinge ich Wirtschaftsbücher und Biografien großer Firmenchefs. Ich arbeite seit Jahrzehnten motiviert und unentwegt daran, meine Fähigkeiten im unternehmerischen Bereich zu erweitern. Von Jahr zu Jahr merke ich, wie ich mehr Geld verdiene, reichere und berühmtere Personen kennenlerne und immer mehr Firmen gründe. Als Unternehmer werde ich weiterhin überdurchschnittliche Ergebnisse erzielen.

KONZENTRIERE DICH ALSO AUF DEN BEREICH, IN DEM DEINE INTERESSEN UND FÄHIGKEITEN ZUSAMMENTREFFEN.

Dann wirst du ein außergewöhnliches und erfolgreiches Leben führen.

Was sind gute und schlechte Gewohnheiten?

Trotzdem wird sich der Erfolg nicht von selbst einstellen, auch wenn du dich in deinem „Meisterhaft"-Quadranten bewegst. Wie wir am Beispiel von Dave Brailsford gesehen haben, entscheiden die richtigen Gewohnheiten die kleinen Dinge, die wir jeden Tag tun oder lassen. Gewohnheiten sind Verhaltensweisen, die du dir durch ständiges Wiederholen angewöhnt hast und die nun dein „Standard" geworden sind – also das, was du ganz ohne Nachdenken tust. Studien haben ergeben, dass 60-70 Wiederholungen eine Verhaltensweise zu einer Gewohnheit werden lassen. Wenn du also eine neue Gewohnheit in deinem Leben etablieren möchtest, ist es wichtig, dass du eine Weile diszipliniert dabeibleibst, bis sie dir in Fleisch und Blut übergegangen ist.

Doch was sind solche guten Gewohnheiten? In einer Studie von Thomas C. Corley, die er in dem Buch „Change your Habits, Change your Life" vorstellt, wurden über mehrere Jahre 177 Self-Made-Millionär:innen im Hinblick auf ihre Gewohnheiten beobachtet. Dabei haben sich 25 zielführende und 10 destruktive Gewohnheiten herauskristallisiert. Die sechs wichtigsten positiven und negativen Gewohnheiten möchte ich dir kurz vorstellen. Sie sind danach sortiert, wie groß ihr Einfluss auf das Leben eines Menschen ist.

GUTE GEWOHNHEITEN

1. Die erste und wichtigste Gewohnheit ist, **täglich zu lesen,** und zwar nicht zur Unterhaltung, sondern um dir Wissen anzueignen. Warren Buffett, einer der reichsten Menschen der Erde, sagte dazu: „Wissen potenziert sich. Es baut sich nach und nach auf wie Zinsen." Buffett hatte mit 12 Jahren alle Bücher seiner Heimatstadtbibliothek mit dem Begriff „Finanzen" im Titel gelesen. Bill Gates, ebenfalls einer der reichsten Menschen der Welt, liest jede Woche ein Buch.

Lesen!

2. Die zweitwichtigste Gewohnheit ist **mindestens dreißig Minuten körperliches Training pro Tag:** Laufen, Schwimmen, Walken oder Fahrrad fahren. Das ist nicht nur gut für den Körper, sondern fördert auch das Wachstum von Neuronen im Gehirn und die Produktion von Glukose, dem Treibstoff für das Gehirn. In einer Studie hat man folgenden Test gemacht: Die schlechtesten Schüler:innen einer Stufe wurden in einer Klasse zusammengefasst. Diese Klasse machte nun täglich in der ersten Schulstunde Sport und entwickelte sich in kurzer Zeit zur besten Klasse der Stufe.

3. **Pflege Beziehungen mit erfolgreich denkenden Menschen.** Man sagt, du bist der Durchschnitt deiner fünf besten Freund:innen. Die Menschen in deinem Umfeld beeinflussen dich, ob du willst oder nicht. Inspirierte, motivierte, positive und kreative Menschen, die viel Gutes sagen, loben, freundlich sind, zuhören, aufbauend und klar in ihren Gedanken sind, beeinflussen und fördern uns in einer guten Art und Weise. Menschen, die nörgeln, kritisieren, beschimpfen, destruktiv und toxisch sind, rauben uns Kräfte, Talente, Zeit, Lebensfreude und Erfolg. Reduziere den Kontakt zu solchen Menschen oder brich ihn sogar komplett ab. Du kannst deine Zeit nur einmal vergeben.

4. **Verfolge deine eigenen Ziele.** Konzentriere dich darauf, was du im Leben erreichen möchtest, statt die Ziele anderer zu verfolgen. Eltern wünschen sich für ihre Kinder, dass sie

Lebensplan

Doktor:innen, Wirtschaftsprüfer:innen, Anwält:innen oder Ingenieur:innen werden. Viele folgen diesem Rat, aber werden unglücklich und machen weniger Geld, als sie angenommen hatten. Stelle deine Leiter nicht an die falsche Wand! Menschen, die ihre Lebensträume verfolgen und lieben, was sie tun, sind motiviert, haben unerschöpfliche Energie und gehören zu den glücklichsten aller Menschen.

5. **Vermeide Zeitverschwender.** Wenn wir unsere Zeit in etwas investieren, ist sie weg und kann nicht erneuert oder wiedergeholt werden. Oft schätzen wir den Wert unserer Zeit als zu gering ein, weil wir denken, dass wir Unmengen davon hätten. Wir verschwenden sie mit unnötigen Aktivitäten wie Fernsehen, Facebook, YouTube, Computerspielen oder Rumsitzen in der Bar. Zeit ist kostbar und muss weise investiert werden.

6. **Schlafe ausreichend.** Erfolgreiche Menschen schlafen 7-8 Stunden täglich. Dazu findest du im Kapitel „Schlaf" hervorragende Grundlagen.

SCHLECHTE GEWOHNHEITEN

1. **Glücksspiel um Geld:** Damit verfolgst du den Erfolg, ohne jemals in den Genuss desselben zu kommen. Reich wird man nicht schnell, finanzieller Erfolg benötigt Zeit, Initiative und Einsatz. 52 % der erfolglosen Menschen wetten mindestens einmal die Woche auf Sportevents. 77 % spielen wöchentlich Lotto. Selfmade-Millionär:innen spielen nicht. Die Wahrscheinlichkeit zu wetten und unterm Strich zu gewinnen ist äußerst gering.

2. **Zu viel Alkohol:** 54 % der Erfolglosen trinken mehr als zwei Gläser Bier, Wein oder anderen Alkohol am Tag. 84 % der Erfolgreichen trinken weniger. Alkohol im Gehirn schadet dem Erinnerungsvermögen und den motorischen Fähigkeiten.

3. **Zu viel Fernsehen:** 77 % der armen Menschen verbringen mehr als eine Stunde pro Tag vor dem Fernseher, 67 % der erfolgreichen Menschen weniger als eine Stunde. Fernsehen ist ein Zeitverschwender und führt auch noch dazu, dass wir uns nicht bewegen. Das gleiche gilt für Facebook, Twitter, YouTube, Instagram und andere soziale Medien, die das Fernsehen ergänzen. Millionär:innen nutzen ihre Zeit. Erfolglose und meist arme Menschen verschwenden sie.

4. **Negative Denkweise:** 78 % der Erfolglosen sehen die Welt negativ, 54 % der Erfolgreichen positiv. Das Unterbewusstsein armer und erfolgloser Menschen findet Momente, in denen sie kein Glück hatten, und bestätigt ihre negative Denkweise, während erfolgreiche Menschen die Situation anders bewerten. Sie schauen auf das, was sie aus der Herausforderung lernen können, und freuen sich, den Fehler erkannt zu haben und ausmerzen zu können.

5. **Kein Lebensplan:** 55 % der armen Menschen haben keinen Lebensplan. Sie nehmen sich keine Zeit, um einen Plan zu entwickeln. Erfolg ist ein Prozess. Er startet damit, dass du deine Lebensträume festhältst und planst, wie du sie erreichen kannst. Ohne Ziele, Pläne und zielorientierte Aktivitäten hat man zu viel freie Zeit, die man dann mit Fernsehen oder ziellosem Herumsurfen im Internet verbringt.

6. **Schlechte gesundheitliche Gewohnheiten:** 77 % der erfolglosen Menschen trainieren nicht. 97 % essen mehr als 300 Kalorien Junkfood pro Tag. 69 % besuchen mindestens dreimal wöchentlich ein Schnellrestaurant. 86 % nutzen keine Zahnseide. 53 % schlafen weniger als 7 Stunden pro Tag. 66 % haben 15 kg Übergewicht. Solche schlechten Gewohnheiten führen zu Diabetes, Herzleiden, Krebs, Bluthochdruck und weiteren Krankheiten.

Wie schaffe ich es, neue Gewohnheiten in mein Leben zu integrieren?

Zum Abschluss noch ein paar ganz praktische Tipps, wie es dir gelingen kann, gute Gewohnheiten einzuüben:

1. PLATZIERE ENTSPRECHENDE AUSLÖSEREIZE

Nach Schätzung von Expert:innen nutzt unser Gehirn die Hälfte seiner Ressourcen für das Sehen. Visuelle Auslösereize sind die größten Impulsgeber für unser Verhalten. In Amsterdam hat man in den 70er Jahren festgestellt, dass identische Haushalte unterschiedlich viel Strom verbrauchten, je nachdem, ob sie die Zähleruhr im Keller oder im Hausflur installiert hatten. Die Haushalte, die die Zähleruhr regelmäßig sahen, verbrauchten 30 % weniger Strom.

Was wir sehen, beeinflusst unser Verhalten und somit unsere Gewohnheit. Wenn wir unsere Gewohnheiten und unser Verhalten beeinflussen wollen, dann müssen wir daran arbeiten, unser Umfeld zu verändern.

Ein Beispiel? Ich spielte zu viel und wusste, dass ich meine Zeit besser nutzen sollte. Ich nahm mir zwar vor, nicht mehr mit meinem Handy zu spielen, aber jedes Mal, wenn ich mein Handy in die Hand nahm, sah ich das Icon des Spiels und klickte drauf. Obwohl ich viel Geld und Zeit investiert hatte, um zu den Top 10 dieses Spiels in Deutschland zu gehören, löschte ich das Spiel schweren Herzens. Danach hatte ich täglich zwei bis drei Stunden mehr Zeit für mein Unternehmen.

Außerdem habe ich mir vorgenommen, gesünder zu essen. Also kaufe ich mehr Obst und kaum noch Süßigkeiten. Wenn ich in die Küche komme, sehe ich überall Obst und unser Süßigkeitenschrank ist so gut wie leer. So ist es viel einfacher, das Obst zu nehmen und die Süßigkeiten wegzulassen.

Egal, welche Gewohnheit du integrieren oder ablegen möchtest: Sieh zu, dass der visuelle Auslösereiz entsprechend platziert wird. Du musst sehen, was du tun willst, und darfst nicht sehen, was du nicht tun willst.

2. PLANE DIE VERÄNDERUNG FEST EIN

Eine weitere Methode, gute Gewohnheiten im Leben zu etablieren, ist die sogenannte Realisierungsintention. Ich habe häufig erlebt, dass vage Absichtserklärungen in der Regel nicht eintreffen. Wenn ich mich mit Freund:innen verabrede und wir sagen: „Wir sollten uns bald wiedersehen!", kommt es nicht dazu. Sagen wir stattdessen: „Dienstag in drei Wochen um 18 Uhr treffen wir uns bei mir", ist das ein feststehender Termin, den man einträgt und realisiert. Diese Realisierungsintention fördert nach Studien die Umsetzungswahrscheinlichkeit um ca. 240 %. Egal, welche Gewohnheit du in Zukunft umsetzen willst: Schreibe dir in den Terminkalender, zu welchem Zeitpunkt und an welchem Ort du sie umsetzen wirst.

240 %

Zum Beispiel:

- jeden Dienstag, 20.00 Uhr: 30 min Lesen eines Sachbuches
- jeden Mittwoch, 6.30 Uhr: 30 min Cardiosport auf dem Crosstrainer
- jeden Donnerstag, 20.00 Uhr: mit den richtigen Freund:innen treffen, telefonieren oder schreiben (Netzwerken). Suche erfolgreiche, zielorientierte, aufbauende und glückliche Menschen.

3. ERSCHAFFE DEIN EIGENES OPTIMALES UMFELD

Menschen müssen sich 20.000 Mal am Tag entscheiden! Was meinst du, ist es möglich, sich 20.000 Mal am Tag für die bessere Option zu entscheiden?

Studien haben ergeben, dass wir Menschen nur eine begrenzte Energie an Willenskraft für Entscheidungen pro Tag haben. Wenn wir abnehmen wollen und z. B. ein Softgetränk zehn Mal täglich im Kühlschrank sehen, müssen wir zehn Mal die Willenskraft aufbringen, uns dagegen zu entscheiden.

Erfolgreiche Menschen gestalten ihr Umfeld so, dass sie diese Willenskraft für wichtige Entscheidungen aufbewahren. Im oben genannten Fall bedeutet das, entweder erst gar keine Softgetränke mehr zu kaufen oder es sofort zu trinken und danach nicht mehr kaufen. Gestalte dein Umfeld so, dass dir gute Entscheidungen leichtfallen und schlechte Entscheidungen schwer. Wenn z. B. dein Freundeskreis aus erfolgreichen Unternehmer:innen besteht, werden ständig gute Ideen ausgetauscht und du beschäftigst dich automatisch mit Themen, die dein Leben voranbringen. Wenn du negativ eingestellte Freund:innen hast, wird gelästert, angeklagt und getratscht.

Deine Willenskraft und deine Motivation kämpfen gegen Windmühlen, wenn dein Umfeld nicht stimmt. Erschaffe dein eigenes optimales Umfeld!

Merke dir: Wissen ohne Handlung ist wenig wert. Fang an, dieses Wissen umzusetzen. Suche nach deiner Identität und bau dir ein geeignetes Umfeld. Werde zu dem idealen Menschen, der in dir steckt! Lerne und verbessere dich immer weiter.

Los geht's :)

UMSETZENSWERT

→ Zeichne vier Quadranten oder lade dir die Vorlage herunter, **analysiere und schätze dich selbst ein**.

Nimm am besten einige **Persönlichkeitstests** zur Hilfe sowie die Einschätzung deiner Eltern. Hier ein kostenpflichtiger Test, den ich dir empfehlen kann:

→ Frage dich:
- Welches Sachbuch habe ich in kürzester Zeit durchgelesen oder was kann ich die ganze Nacht tun, ohne zu ermüden?
- Was kann ich besonders gut?

→ Solche Fragen helfen dir, herauszufinden, wo deine Interessen liegen. Gehe auf die Suche nach deiner Identität.

ERREICHENSWERT

→ **(Be-)Schreib dein eigenes Leben!**

→ **Entwickle eine Vision**, wer du sein willst und wohin du willst, und fasse sie in 500–1000 Wörtern zusammen.

→ Suche nach den **passenden Gewohnheiten** und fange an, sie dir Tag für Tag anzugewöhnen.

ERWÄHNENSWERT

James Clear, „Die 1% Methode. Minimale Veränderung, maximale Wirkung: Mit kleinen Gewohnheiten jedes Ziel erreichen", Goldmann 2020.

148–157 | DEINE AUSRÜSTUNG >> 12 ZEITMANAGEMENT

PROF. DR. CHRISTIAN HANKE

ist Wirtschaftsprüfer, Steuerberater und Professor für Allgemeine Betriebswirtschaftslehre an der FOM Hochschule für Oekonomie & Management, Frühaufsteher und begeisterter Wissensvermittler.

Zeitmanagement

Wie deine Prioritäten dich zu deinen Zielen führen

Irgendwie ist es Trend geworden, alles zu „managen". Seinen Beruf, seine Beziehungen und jetzt auch noch die Zeit. Das Wort wird nahezu inflationär verwendet. Zudem mag ich den Begriff „Zeitmanagement" auch schon deshalb nicht, weil hier ein deutsches mit einem englischen Wort kombiniert wird. Da hätte man auch gleich beim „time management" bleiben können. Ich bin allerdings kein Freund von Anglizismen, von daher werde ich mich auch dem Slogan „time is money" nicht weiter widmen. Wäre derjenige, der den deutschen Begriff erfunden hat, konsequent gewesen, hätte er es wenigstens „Zeitverwaltung" nennen können. Aber das klingt wohl viel zu deutsch und viel zu unsexy ...

Was ist Zeitmanagement?

Jetzt habe ich mich über den Begriff aufgeregt und du hast den Abschnitt gelesen. Eigentlich rausgeschmissene Zeit, in der wir beide Sinnvolleres hätten anstellen können. Und genau darum geht es beim Thema Zeitmanagement: Du nutzt deine Zeit sinnvoll, um deine Ziele zu erreichen! Von daher bitte ich dich um Verständnis, dass ich mit diesem Negativ-Beispiel für Zeitmanagement ins Thema eingestiegen bin. Es macht hoffentlich

deutlich, wie oft wir unsere Zeit mit sinnlosen Dingen füllen.

Wenn wir uns in unserem Umfeld und darüber hinaus umschauen, sehen wir eine bunte Vielfalt an Menschen. Und das ist auch gut so! Alle haben eine unterschiedliche Geschichte und besitzen unterschiedliche Ressourcen. Damit meine ich nicht nur die ihnen zur Verfügung stehenden finanziellen Mittel, sondern auch ihre Vorbildung, körperliche Möglichkeiten usw.

Doch eine Ressource ist bei uns allen gleich: die Zeit! Für jeden hat die Minute 60 Sekunden, die Stunde 60 Minuten, der Tag 24 Stunden und das Jahr 365 bzw. 366 Tage.

UND DOCH SCHEINT ES, ALS HÄTTEN DIE ERFOLGREICHEN MENSCHEN MEHR ZEIT ALS ANDERE.

Dabei stimmt das nicht. Für jeden Menschen hat der Tag 1.440 Minuten. Natürlich kannst du jetzt dagegenhalten, dass die erfolgreichen Manager:innen (schon wieder dieser Anglizismus ...) weniger schlafen und folglich mehr aktive Minuten am Tag haben. Aber wie wichtig ausreichend Schlaf ist, hat dir das Kapitel „Schlaf" ja schon deutlich gemacht. Wenn wir vom Optimum ausgehen und acht Stunden jede Nacht schlafen, bleiben uns folglich 16 Stunden oder 960 Minuten Zeit, die wir täglich zur Verfügung haben. Hört sich viel an? Ist es auch! Und diese Zeit gilt es nun, optimal zu ... managen.

Warum Zeitmanagement so wichtig ist

Natürlich ist es grundsätzlich von den persönlichen Umständen abhängig, inwieweit wir frei über unsere Zeiteinteilung entscheiden können. Ich bin Professor für Rechnungswesen und von daher erwarten meine Studis, dass ich zu den Vorlesungszeiten auch arbeite, wohingegen ich mir die Zeit für die Vor- und Nachbereitung der Vorlesungen sowie die Korrektur wissenschaftlicher Arbeiten frei einteilen kann. Auch in meinem anderen Job als Wirtschaftsprüfer kann ich mir die Zeit grundsätzlich frei einteilen, aber auch hier erwarten meine Mandant:innen sowie Kolleg:innen, dass ich zu bestimmten Zeiten als Ansprechpartner zur Verfügung stehe.

Und dann hat meine Familie ja noch einen berechtigten Anspruch auf Zeit mit mir. Außerdem steht auch noch Sport an, um halbwegs fit zu bleiben. Und mit Freunden möchte man sich auch noch treffen. Der Garten pflegt sich auch nicht von allein. Und, und, und ... Du kannst dir vorstellen, dass man als zweifacher Familienvater mit zwei Jobs ein gutes Zeitmanagement benötigt, um alles unter einen Hut zu bekommen. Von daher kann ich dir aus eigener Erfahrung sagen, wie wichtig Zeitmanagement ist und dass es dein Leben verändern wird.

So wichtig!

Ich möchte dir ein Beispiel aus meinem Schüler- und Studentenleben geben und dir daran klar machen, warum Zeitmanagement so verdammt wichtig ist. Ich war nie der fleißigste Schüler bzw. Student. Vor Klausuren habe ich maximal zwei Tage vorher gelernt. Ich habe lieber ferngesehen oder mich mit meinen Freund:innen getroffen. Aber in diesen zwei Tagen wuchs dann der Stress enorm an. Das ist kein schönes Gefühl! Umgekehrt proportional zur verbleibenden Zeit nehmen das Unbehagen und die Sorgen zu, ob man alles noch schaffen kann. Und das ist alles andere als gesund für den Körper. Ich stand dadurch im Schnitt zwischen 2 und 3.

MIT EINER ETWAS ANDEREN ZEITEINTEILUNG WÄRE ICH DEUTLICH ENTSPANNTER ZUM GLEICHEN ERGEBNIS GELANGT, OHNE MEHR ZEIT ZUM LERNEN VERWENDET ZU HABEN.

Mit einer anderen Gewichtung hätte ich meine Leistungen sogar noch verbessern können. Vielleicht kennst du das ja auch, dass man die wichtigen Sachen gerne vor sich herschiebt. Das ist die Prokrastination, die auch gerne „Aufschieberitis" genannt wird. Dazu aber später mehr.

Welche Aktivitäten sind sinnvoll?

Doch was bedeutet Zeitmanagement genau? Beim Management geht es stets um den Umgang mit knappen Ressourcen. Unsere Knappheit besteht hierbei in der zur Verfügung stehenden Zeit. Dabei kannst du grundsätzlich zwei Überlegungen anstellen. Zum einen kannst du dich fragen, ob du deine Zeit tatsächlich mit „sinnvollen" Aktivitäten ausfüllst. Zum anderen kannst du dir die Frage stellen, ob du deine sinnvollen Aktivitäten noch optimieren kannst.

Zunächst müssen wir klären, was „sinnvoll" bedeutet. Wenn du die Wahl hättest, für die Schule bzw. Uni zu lernen oder aber den ganzen Tag am PC zu zocken, wäre offensichtlich das Lernen die sinnvollere Alternative. Zumindest mag man das meinen. Wenn man einen Juristen etwas fragt, bekommt man immer die Antwort: „Es kommt darauf an ..." Und genauso ist es beim Zeitmanagement.

Es kommt beim Zeitmanagement darauf an, was dein Ziel ist.

Wenn es dein größtes Ziel ist, Profi-Gamer zu werden, dann sieht die Situation ganz anders aus. Von daher hängt die Sinnhaftigkeit deiner Aktivitäten immer von deinem persönlichen Ziel ab.

Es ist daher der erste und wichtigste Schritt zum besseren Zeitmanagement, sich Ziele zu setzen. Vielleicht hast du aber unzählige Ziele und weißt gar nicht, welches Ziel du zuerst anpacken sollst. Deshalb musst du in einem zweiten Schritt deine Ziele priorisieren. Das bedeutet, dass du sie in eine Reihenfolge bringen musst. Zuerst verfolgst du dann die Ziele, die dir am wichtigsten sind. Die anderen Ziele gehst du zu einem späteren Zeitpunkt an.

Was ist wirklich wichtig?

Um unsere Ziele zu erreichen, müssen wir unbedingt wissen, welche Aufgaben tatsächlich wichtig sind. Doch oftmals verwechseln wir die Begriffe Wichtigkeit und Dringlichkeit miteinander. Meistens halten wir die dringenden Dinge auch für wichtig. Aber nicht jede dringliche Aufgabe ist zwingend auch wichtig und umgekehrt. Der 34. Präsident der USA, Dwight D. Eisenhower, hat dieses Problem mit der nach ihm benannten Eisenhower-Matrix gelöst. Er hat bei dieser ersten Zeitmanagement-Methode, die du in diesem Kapitel kennenlernen wirst, zwei Unterscheidungsmerkmale gebildet. Zum einen das Wertepaar „wichtig" vs. „unwichtig" und zum anderen das Paar „dringend" vs. „nicht dringend". Daraus ergibt sich folgende 2x2-Matrix:

Wie vermeidet man Prokrastination?

Das war vergleichsweise einfach. Nun geht es an die Umsetzung. Doch die Umsetzung ist (oftmals) das Schwierige. Meistens sind es die Dinge, die uns keinen Spaß machen, die uns langfristig unheimlich nach vorne bringen. Dabei müssen wir uns aber aus unserer

Komfortzone bewegen. Auch hierzu gibt es eine Zeitmanagement-Methode. Schon mal einen Frosch gegessen? Falls nicht, kann ich dich beruhigen, denn die **Eat-the-frog-Methode** hat einen rein metaphorischen

Anhand dieser Matrix hat Eisenhower seine Aufgaben wie folgt abgearbeitet: Wichtige und dringende Aufgaben (Feld A) müssen sofort erledigt werden. Wichtige, aber nicht dringende Aufgaben (Feld B) werden geplant. Unwichtige und dringende Aufgaben (Feld C) werden delegiert. Unwichtige und gleichzeitig auch undringliche Aufgaben (Feld D) werden von der To-do-Liste gestrichen.

Titel und Vegetarier müssen nicht zu Fleischessern werden. Bei dieser Methode geht es darum, seinen Tag **mit der unangenehmsten Aufgabe zu beginnen**. Dies ist psychologisch gesehen sehr vorteilhaft. Denn wenn du die unangenehme Aufgabe stets vor dir herschiebst, wirst du die ganze Zeit ein schlechtes Gefühl haben und später in Zeitnot geraten. Wenn du die Aufgabe jedoch in Angriff genommen hast, erscheint der Rest des Tages leicht. Das ist eine gute Methode, um die oben erwähnte Prokrastination zu vermeiden. Beispiel: Wenn du dich jeden Tag zwei Stunden auf deine Klassenarbeit oder Klausur vorbereiten möchtest, dann ist das die erste Handlung, die du (ggf. nach Schule, Uni oder Nebenjob) machst. Du wirst sehen, dass danach alles andere etwas einfacher funktioniert.

Dabei ist jedoch auf zweierlei zu achten. Zum einen solltest du jede Gesamtaufgabe in kleine Teilaufgaben zerlegen. Oftmals stehen wir vor großen Aufgaben und fragen uns, wann und wie wir diese denn bewältigen sollen. Indem wir daraus **kleine Teilaufgaben** machen, bringen wir Struktur in die Aufgabe und die Gesamtaufgabe ist dann gar nicht mehr so schwer. Auch hier nutzen wir also einen psychologischen Trick. Außerdem löst das Erreichen von Teilzielen in uns ein positives Gefühl aus. Diese Zeitmanagement-Methode der Unterteilung in Teilaufgaben ist als **Salami-Taktik** bekannt.

Zum anderen sollten wir uns einer Aufgabe mit unserer ungeteilten Aufmerksamkeit widmen. **Singletasking** ist hier das Stichwort. Singletasking hört sich total langweilig an, wenn du doch auch mit Multitasking prahlen kannst. Und genau hier liegt der gedankliche Fehler. Sobald wir uns auf mehrere Sachen konzentrieren, sinkt die Aufmerksamkeit für die einzelne Sache. Und das ist in höchstem Maße ineffizient und wir werden unproduktiv. Von daher ist es immer besser, sich stets ausschließlich auf **eine Aufgabe** zu konzentrieren.

Beispiel: Du lernst vier Stunden für eine Prüfung und lässt nebenbei den Fernseher laufen. Immer wieder erwischst du dich dabei, wie du auf den Bildschirm starrst. Zum einen kannst du dich nie richtig auf den Lernstoff konzentrieren und den Film oder die Serie bekommst du auch nur halb mit. Plane daher zuerst zwei Stunden Lernen (Eat the frog) und danach zwei Stunden Fernsehen. Beim Lernen ist der Fernseher (und auch das Handy) ausgeschaltet und beim Fernsehen sind die Bücher zu (auch hier bleibt das Handy ausgeschaltet!). So steigerst du deine Effizienz im Vergleich zum Multitasking um ein Vielfaches.

> GLAUB MIR BITTE, DASS MULTITASKING IN DER REGEL EIN TOTALER EFFIZIENZKILLER IST.

Es dauert nämlich immer wieder einige Zeit, bis du gedanklich wieder an dem Punkt weiterlernen kannst, an dem du gestoppt hast. Versuche also, alle Störfaktoren zu beseitigen!

Nutze, was für dich passt

Nun hast du eine grundlegende Gebrauchsanweisung, wie du durch Zeitmanagement deinen Alltag erleichtern und mehr im Leben erreichen kannst. Diese Tipps werden dich nicht in allen Lebenslagen von Stress

befreien können, aber sie können dazu beitragen, den Stress deutlich zu verringern. Vor allem werden sich aber auf allen Ebenen Erfolge einstellen, wenn du diese vier Zeitmanagement-Methoden (Eisenhower-Matrix, Eat the frog, Salami-Taktik und Singletasking) konsequent anwendest.

Und solltest du doch einmal nicht wissen, wie du alle Aufgaben schaffen und wie du die Aufgaben einigermaßen zeiteffizient lösen sollst, möchte ich dir noch die Zeitmanagement-Methode des Pareto-Prinzips vorstellen. Der Wirtschaftsprofessor Vilfredo Pareto fand heraus, dass in 20 % der Zeit 80 % der Ergebnisse entstehen. Mach dir dieses Wissen zunutze! Sofern du planst, an einem Tag zehn Dinge zu tun, werden zwei Dinge mindestens genauso wertvoll sein wie die anderen acht. Finde heraus, welche die wertvollen sind, und fokussiere dich darauf.

Neben den zuvor dargestellten Methoden, die ich für besonders wichtig halte, existieren noch weitaus mehr Methoden, die dir dabei helfen können, dein Zeitmanagement zu optimieren. Dabei ist es mir jedoch wichtig, darauf hinzuweisen, dass du nicht alle Methoden anwenden musst bzw. kannst. Vor allem kommt es darauf an, dass du dich mit der entsprechenden Methode wohlfühlst.

Wie gesagt, ist dies nur ein grober Fahrplan und eine kleine Auswahl an Methoden, die dir helfen sollen, dein Leben erfüllter zu gestalten, damit deine Ziele nicht nur Träume bleiben. Du hast es in der Hand! Fang am besten jetzt damit an und such dir die Methode(n) raus, die du für passend hältst. Wichtig ist, dass du den Frosch isst und startest. Wenn du zum Gipfelstürmer oder zur Gifelstürmerin werden möchtest, musst du es direkt angehen, denn:

„LIEBER UNPERFEKT STARTEN, ALS PERFEKT WARTEN."

Und nun wünsche ich dir viel Erfolg bei der Umsetzung und dass sich deine Zeitverwaltung (endlich kein Anglizismus mehr) verbessert.

Was sind deine Ziele?

ERWÄHNENSWERT

- Parkinsonsches Gesetz
- ALPEN-Methode
- Leistungskurven
- Not-To-do-Liste
- Zwei-Minuten-Regel
- Journaling
- Non-Zero-Day

→ **Recherchiere**, was sich hinter den weiteren Methoden verbirgt. Nutze dafür das Pareto-Prinzip. Du musst die Methoden nicht bis ins kleinste Detail verinnerlichen, sondern nur einen groben Überblick erhalten. **Sollte dir eine Methode zusagen, steig tiefer ein!** DAS ist Zeitmanagement!

UMSETZENSWERT

→ Schreibe deine **momentanen Aufgaben** auf und **ordne** sie anhand der Eisenhower-Matrix.

→ Schau dir deine wichtigen und dringenden Aufgaben (Feld A) an! Und dann **iss den Frosch! Direkt!** Ohne die Aufgaben aufzuschieben!

ERREICHENSWERT

→ **Mach dir deine Ziele bewusst!** Diese Aufgabe klingt sehr simpel, ist aber genau das Gegenteil. Wenn es dir nicht so gut gelingt, deine Ziele richtig zu setzen, darf ich dir empfehlen, dich in das Thema einzulesen. Zum einen ist das Thema sehr spannend und zum anderen ist das Lesen eines (Sach-)Buches immer die richtige Investition in dich selbst.

ALEXANDER WURZ

ist Experte für Kommunikation, gefragter Berater, Trainer, Coach, Key-Note Speaker und Gründer von Open-i-Consulting, liebt Menschen und frisst Sand beim Beachvolleyball.

Kommunikation

WIE ZUHÖREN ZU GUTEN BEZIEHUNGEN FÜHRT

Kommunikation kann schief gehen – aber keine Kommunikation geht immer schief ... Es lohnt sich also, es auszuprobieren. Menschen, die gut, empathisch und der Situation angepasst kommunizieren, sind im Leben glücklicher und erfolgreicher. Traurig, aber wahr: Es werden nicht immer die Kompetentesten befördert oder mit einer Gehaltserhöhung belohnt, sondern die, die am besten kommunizieren.

Gut kommunizieren ist aber einfacher gesagt als getan, denn wir haben es selten richtig gelernt. Mir persönlich fiel (und fällt es immer noch) schwer, kritisches Feedback zu geben. Das stand mir im Privatleben und noch mehr im Arbeitsleben öfters im Weg und ich habe Dinge geschluckt, die ich danach bereut habe. Einmal habe ich sogar einen sehr guten Freund dadurch verloren. Das ärgert mich im Nachhinein natürlich. Mit der Zeit habe ich dann verschiedene Techniken kennengelernt, welche mir helfen, Dinge zu verstehen und zu benennen.

In diesem Kapitel möchte ich dir ein paar dieser Grundlagen und Techniken für eine gute Kommunikation vorstellen, die ich nun seit 23 Jahren anderen Menschen beibringe, bei denen ich aber trotzdem noch viele

Wie ist wichtiger als was

Fehler mache. Darunter sind die Themen Wahrnehmung, Aktives Zuhören, Feedback, Anpassen der Kommunikation an verschiedene Persönlichkeiten und Fragetechniken.

Man kann nicht nicht kommunizieren

Es gibt natürlich noch viele andere wichtige Themen, aber ich finde, diese sind mit die wichtigsten.

Richtig kommunizieren zu können, ist vielleicht eine der wichtigsten Fähigkeiten in unserem Leben, egal ob privat oder beruflich. Und wie ein bekannter Kommunikationsguru mal zutreffend gesagt hat: „Man kann nicht nicht kommunizieren ..." Wir kommunizieren ständig, viel eben auch nonverbal, das heißt durch Stimmlage, Sprechgeschwindigkeit und Körpersprache. Viele Studien zeigen klar auf, dass andere Menschen eher darauf reagieren, wie wir etwas sagen, als was wir sagen. Wie du diese Tatsache konkret nutzen kannst, um Vertrauen aufzubauen, dazu sage ich ein bisschen später noch mehr.

Wahr-nehmung

Wenn wir nicht gut kommunizieren, können daraus viele Missverständnisse entstehen und wir können ungewollt und unbewusst andere Menschen verletzen. Die Grundlage von Missverständnissen ist wahrscheinlich das Thema Wahr-nehmung. Das habe ich übrigens gerade bewusst mit Trennstrich geschrieben. Denn eine Wahr-nehmung ist das, was wir als „wahr" annehmen. Es gibt also keine falsche Wahrnehmung, sondern immer die persönliche emotionale Realität.

JEDER MENSCH HAT SEINE GANZ EIGENE WAHRNEHMUNG.

„Die" Realität gibt es nicht. Wir haben alle unsere eigene Realität durch unsere individuellen Filter. Diese unterschiedlichen Filter entstehen durch unsere Erziehung und unsere Kultur. Und das Gemeine dabei ist, dass wir manchmal die gleiche Situation anschauen, aber komplett unterschiedliche Wahrnehmungen haben können. Dies führt natürlich oft zu falschen Interpretationen und dann zu Konflikten.

Mach mal dieses lustige Experiment mit einem Freund oder einer Freundin: Nehmt ein Blatt Papier und schreibt eine große „6" darauf mit einem dicken Stift. Dann setzt euch einander gegenüber. Lege das Blatt so vor euch auf den Tisch, dass du die „6" siehst. Jetzt frage dein Gegenüber: „Welche Zahl siehst du hier?" Tja, und das ist dann meistens nicht die Zahl „6", sondern „9". Gleiche Situation, teilweise gegensätzliche Wahrnehmung.

Die Tatsache, dass ich recht habe, heißt nicht immer automatisch, dass der andere unrecht hat. Er oder sie hat vielleicht nur eine andere Wahrnehmung. Es lohnt sich also, sich in die andere Person hineinzuversetzen und zu versuchen zu verstehen, wie sie die Situation momentan wahrnimmt. Das nennt man Empathie.

Wenn ich zum Beispiel sage: „Ich mag den neuen Nachbarn nicht", dann kann niemand sagen: „Das stimmt doch nicht!" Das ist übrigens der wichtigste Kniff, wenn man jemandem Feedback geben will. Anstatt zu sagen: „Du bist nicht motiviert", sage einfach: „Ich habe den Eindruck, dass du momentan nicht motiviert bist", oder: „Ich nehme dich momentan als weniger motiviert wahr". Ein paar mehr Tipps zum Thema Feedback geben kommen gleich noch.

Zunächst noch ein Tipp zur Empathie in Gesprächen: Viele Menschen kennen die Definition von Empathie, wissen aber nicht, wie man diese ausdrücken kann. Oft wird der Fehler gemacht, das gerade Gehörte herunterzuspielen, Tipps zu geben oder auf ähnliche erlebte Situationen zu verweisen. Das geschieht mit den besten Absichten und ist sehr gut gemeint – aber eben keine Empathie …

Du bist nicht ich

Ich bin mal ein bisschen provokativ: Gut gemeinte Bemerkungen wie: „Ich weiß genau, wie du dich fühlst", oder: „Ich hatte genau das gleiche Erlebnis wie du", sind sogar arrogant. Niemand weiß genau, wie ich mich fühle (oft nicht einmal ich selbst) und ein Erlebnis ist nie „genau" wie ein anderes. Es waren nicht die gleichen Personen, nicht die gleiche Vorgeschichte, nicht die gleiche Situation und du bist nicht ich … Wenn wir dies berücksichtigen, haben wir mehr Chancen auf einen Gesprächspartner oder eine Gesprächspartnerin, die oder der uns positiv gestimmt ist, was vor allem bei schwierigen Gesprächen ein großer Vorteil ist. Die Person wird dann sehr wahrscheinlich offener für unser Anliegen sein und uns vertrauensvoller begegnen.

Aktives Zuhören

Nun denken viele, Kommunikation sei nur reden. Aber wie der Dalai Lama schon sagte: „Wenn du redest, dann wiederholst du ja nur, was du schon weißt. Aber wenn du zuhörst, lernst du vielleicht etwas Neues." Es gibt doch bestimmt einen Grund, warum der liebe Gott uns nur einen Mund gegeben hat, aber zwei Ohren …

VIELLEICHT SOLLTEN WIR IN MEHR SITUATIONEN DOPPELT SO VIEL ZUHÖREN ALS REDEN.

Vielleicht kennst du ja jemanden, die oder der das ganz natürlich schon macht. Das ist ein unglaublich schönes Gefühl, wenn uns jemand richtig zuhört, uns nicht unterbricht, nicht währenddessen seine Antwort zurechtlegt, auf sein Smartphone schaut oder seine Meinung äußert. Das nennt sich dann „Aktives Zuhören". Dieses Thema spreche ich in jedem meiner Seminare mit Führungskräften an und die meisten grinsen dann nur mit rollenden Augen und denken: „Das kenne ich doch, das ist doch offensichtlich." Wenn ich sie aber dann frage, was genau die Regeln von Aktivem Zuhören sind, dann kommen sie ins Schleudern. Und wenn ich sie dann ein Rollenspiel dazu machen lasse, merken sie, dass zwischen der Theorie und der Anwendung ein riesiger Unterschied ist.

Kopfnicker

Probier das mal aus! Sage dir einfach mal in einem Gespräch ganz bewusst: Ich denke jetzt nicht an ähnliche Erlebnisse, ich bin voll bei der anderen Person, ohne zu urteilen, und ich kommuniziere nur meine Aufmerksamkeit mit Kopfnicken und ab und an einer Frage zum Verständnis oder einer kurzen Zusammenfassung in eigenen Worten, um sicher zu sein, dass ich mein Gegenüber richtig verstanden habe. Das muss natürlich authentisch rüberkommen und nicht als angelernte Technik.

Erkenntnisse aus der Hirnwissenschaft haben klar bewiesen, dass man damit extrem viel und schnell Vertrauen aufbauen kann. Dieses Aktive Zuhören macht man natürlich selten mehr als ein paar Minuten am Stück, aber es immer wieder gezielt und bewusst einzusetzen, ist ein schönes Geschenk an die andere Person.

Denkt an mich, wenn ihr in einer Partnerschaft seid: Ein typischer Fehler, der oft zu Streit führt, geschieht, wenn die Partnerin oder der Partner sein Herz ausschüttet oder ein Problem schildert und wir direkt Tipps geben, wie man das ändern kann. Niemand hat mich allerdings um meine Ratschläge gebeten. Die Person will einfach jemanden, der oder die zuhört ...

Feedback

Ich gebe Kommunikationstrainings aller Art, aber wenn ich ein Thema herauspicken und allen Menschen auf der Erde vermitteln dürfte, dann wäre es ganz klar dieses: Wie kann ich anderen Menschen Feedback so geben, dass sie es annehmen können? Denn wenn jemand mein Feedback nicht annimmt oder abweist, dann liegt das oft an mir selbst. Dann habe ich es vielleicht nicht in einer akzeptablen Form gegeben. Leider sind wir da oft zu schnell mit dem Fingerzeigen.

Und hier kommt das nächste kleine Experiment: Mach mal „finger pointing", also zeige auf eine fiktive Person im Raum, die du beschuldigst. So, jetzt lass deine Hand bitte so und bewege sie nicht. Schau jetzt mal auf deine Finger. Zeigen da nicht gleichzeitig ein paar Finger auf dich selbst? In der Regel sind es drei Finger, die auf uns selbst zeigen. Und genau so ist es im Leben auch oft: Wenn jemand sich komisch verhält oder wenn wir ein Verhalten doof finden, dann haben wir meistens eine (mehr oder weniger große) Mitverantwortung. Vielleicht haben wir diese emotionale Reaktion erst ausgelöst oder zumindest verstärkt, ohne es zu wollen und zu merken?

3 Schritte

Also, worauf sollten wir achten beim Feedback geben? Hier möchte ich dir ein paar Tipps und Tricks geben, inspiriert von Marshall B. Rosenbergs „Gewaltfreie Kommunikation" – einem Klassiker in diesem Bereich. Nennen wir es einmal die 3-Schritte-Technik.

Anstatt zu sagen: „Du bist ständig zu spät" (was ein Vorwurf ist und mit hoher Wahrscheinlichkeit mindestens Ablehnung oder eine Verteidigungshaltung auslösen kann), kannst du auch sagen:

1. Ich habe festgestellt, dass du zu den letzten drei Treffen zu spät gekommen bist.

2. Dies macht mich ein wenig traurig, denn wir hatten doch alle ausgemacht, dass wir dies vermeiden wollten.

3. Könntest du also bitte in Zukunft darauf achten, pünktlich zu kommen?

Du beschreibst also in einem ersten Schritt deine Wahrnehmung, im zweiten Schritt die Wirkung, die die Situation in dir auslöst, und im dritten Schritt einen Wunsch, wie eine Veränderung aussehen könnte.

DIESES SCHEMA KANNST DU JEWEILS SITUATIV ANPASSEN UND ERGÄNZEN.

Zum Beispiel kannst du das alles verstärken, indem du deine Emotionen (Wirkung) und vor allem die negativen Konsequenzen dieses Verhaltens auf dich und andere noch stärker betonst. Empfehlenswert ist es auch, bei dem Wunsch zu ergänzen, was die positiven Konsequenzen sind, wenn die andere Person ihr Verhalten ändert.

Und Wörter wie „immer", „jedes Mal", „nie", „ständig" usw. sollte man sich verkneifen.

Unterschiedliche Kommunikationsvorlieben

Sollte Kommunikation zu Partner und Kindern anders aussehen als zu Geschäftspartner:innen oder Chef:innen? Ganz klar: Ja! Jeder Mensch tickt anders und reagiert unterschiedlich auf bestimme Kommunikationstechniken. Was bei dem einen in einer bestimmten Situation passt, kann von anderen als unpassend wahrgenommen werden. Ich sage immer ein bisschen provokativ: Der Satz: „Behandle andere so, wie du gerne behandelt werden möchtest", ist Quatsch, denn es müsste heißen: „Behandle andere so, wie *sie* gerne behandelt werden möchten." Um herauszufinden, wie die anderen gerne behandelt werden möchten, benötigt man eine gute Portion Empathie, gemischt mit Aktivem Zuhören und einer Prise Kenntnis über das Thema Wahrnehmung. Aber das kennst du ja jetzt schon.

Wir haben alle unterschiedliche Präferenzen der Kommunikation, je nach Persönlichkeit. Ich bin mir sicher, dass unter euren Freund:innen und Familienmitgliedern Menschen sind, die eher introvertiert sind, nicht viel sagen und nicht viele Emotionen zeigen. Wenn sie sprechen, dann sind sie sehr strukturiert, reden eher langsam und achten auf Details. Und da sind andere, die sehr viel reden, sehr emotional und immer optimistisch sind und sehr viel mit den Händen reden. Das sind nur ein paar Verhaltensweisen als Beispiel. Natürlich gibt es viele mehr. Würde ich die beiden Personen aus diesem Beispiel genau gleich behandeln in der Art und Weise der Kommunikation, dann wäre ich damit bestimmt nicht gleich erfolgreich. Wenn ich mich aber ein wenig an den Kommunikationsstil meines Gegenübers anpasse, habe ich größere Chancen,

DISG®

dass die Person mir zuhört und mir entgegenkommt.

Ein bewährtes Modell, diese Anpassung der Kommunikation nicht nur intuitiv zu machen (was viele schon beherrschen), sondern bewusst, ist das sogenannte „DISG®-Modell" (für Dominant, Initiativ, Stetig und Gewissenhaft). Es gibt da viele Anbieter und manchmal heißt es dann auch anders, wie z. B. INSIGHTS® oder INSIGHTS DISCOVERY®. Diese Modelle haben aber fast alle den gleichen Ursprung (Carl Gustav Jung).

Hier eine Kurzversion des Modells, schwerpunktmäßig bezüglich Kommunikation:

DOMINANTE MENSCHEN

entscheiden sich schnell, übernehmen Verantwortung und gehen Risiken ein. In der Kommunikation erkennst du sie daran, dass sie sehr direkt sind und schnell zum Punkt kommen wollen. Sie sprechen meist zügig und stellen häufig Was-Fragen.

INITIATIVE MENSCHEN

sind ideenreich, enthusiastisch und emotional. Sie lassen sich sehr schnell für etwas begeistern, sind aber häufig auch sprunghaft. Sie erkennst du häufig daran, dass sie sich erst einmal Zeit für Small-Talk nehmen und vor allem Wer-Fragen stellen.

STETIGE MENSCHEN

sind loyal, ruhig und gefasst und geduldig. Sie suchen Harmonie und reagieren häufig eher unflexibel. Ihnen ist es wichtig, andere nicht zu drängen, aber auch selbst nicht zu etwas genötigt zu werden. Eines ihrer Kennzeichen ist, dass sie oft Wie-Fragen stellen.

GEWISSENHAFTE MENSCHEN

kümmern sich um Details. Sie sind eher introvertiert und sachorientiert und zeichnen sich durch ihre diplomatischen und taktvollen Fähigkeiten und ihre Detailverliebtheit aus.

Ein Erkennungsmerkmal ist, dass diese Menschen meist langsam reden, sich Zeit lassen und gerne Warum-Fragen stellen.

Dein Typ?

Jetzt kannst du mal versuchen, dich selbst einzuschätzen. Welche 1-2 Präferenzen hast du? Denn gute Kommunikation startet immer mit Selbst-Bewusstsein. Wer bin ich, wie kommuniziere ich und vor allem, wie kommt mein Kommunikationsstil bei anderen an?

Es geht nicht darum, Menschen in Schubladen zu stecken. Es geht darum, zu erkennen, welchen Kommunikationsstil die Person dir gegenüber bevorzugt. Wenn dir das gelingt, kannst du dir ziemlich sicher sein, dass deine Beziehung zu dieser Person viel besser und reibungsloser abläuft. Ich konnte so schon zu vielen Menschen eine gute Beziehung aufbauen, auch wenn ich anfangs nicht so richtig mit ihnen klargekommen bin. Dabei ist es wichtig, dass es nicht künstlich rüberkommt, sondern ehrlich und authentisch.

Pacing

Wenn wir gerade beim Thema „Anpassen an andere Menschen" sind, möchte ich dir noch eine andere Technik vorstellen: das „Pacing" (englisch: Geschwindigkeit im gleichen Tempo gehen). Hier bedeutet es, sich feinfühlig an bestimmte Verhaltensweisen einer anderen Person anzupassen und damit Vertrauen herzustellen. Das bekannteste Beispiel ist wohl das „Spiegeln". Wenn dein Gegenüber mit offenen Armen und dir zugeneigt dasitzt, dann solltest du nicht die Arme verschränken und dich zurücklehnen.

Dock Dich an

Wenn wir die andere Person spiegeln (ohne dass es auffällig ist oder unnatürlich), dann docken wir menschlich an und die andere Person findet uns sympathischer. Dasselbe gilt für Sprechtempo, Stimmlage, Sprachgeschwindigkeit, Atmung, Meinungen, emotionale Intensität und Schlüsselwörter. Dies erfolgt natürlich nicht bewusst, im Stil von: „Hey, mein Gegenüber spricht ja genauso schnell wie ich ...", sondern passiert tief im Unterbewusstsein.

Das kann man sich konkret zu eigen machen, indem man darauf achtet, welche Sinne das Gegenüber beim Sprechen vor allem erwähnt. Es gibt auditiv (hören), visuell (sehen), kinästhetisch (anfassen), olfaktorisch (riechen) und gustatorisch (schmecken) geprägte Menschen. Vor allem die ersten drei werden in der Kommunikation (unbewusst) benutzt und Menschen haben meist 1-2 Präferenzen. Wenn es gelingt, Wörter aus dem Präferenzbereich meines Gegenübers zu nutzen, läuft die Kommunikation meist viel besser ab.

Hier ein paar Beispiele für Schlüsselwörter:

AUDITIVE PRÄFERENZ

- Erzählen Sie mir mal mehr davon.
- Ich habe schon viel Gutes darüber gehört.
- Können Sie mir das versprechen?
- Das klingt sehr gut.

Und Wörter wie: ausdrücken, befragen, beschreiben, kommentieren, reinhören, vorschlagen, ...

VISUELLE PRÄFERENZ

- Können Sie mir noch andere Produkte zeigen?
- Ich muss noch mehr sehen, bevor ich mir vorstellen kann, eine Entscheidung zu treffen.
- Ich sehe schon klarer, muss es mir aber nochmals genauer anschauen.

Ansonsten Wörter wie: betrachten, erkennen, erscheinen, ein Bild davon machen, blendende Idee, Fokus, schimmern, ...

KINÄSTHETISCHE PRÄFERENZ

- Ich brauche die Unterstützung in der Sache.
- Ich kann damit nicht fertig werden.

- Ich lasse es langsam angehen.
- Das fühlt sich gut an.

Und auch Wörter wie: anfassen, frösteln, fühlen, greifen, hart, cool, Spannung, ...

Probiere das doch einfach mal aus und achte in deinem Freundeskreis oder in der Familie darauf. Auch ist es natürlich spannend zu verstehen, was deine eigene Präferenz ist. Ich habe festgestellt, dass ich oft „anschauen" sage in meinen Seminaren, also scheine ich ein visueller Typ zu sein. Und ja, wenn du mich überzeugen willst, dann brauchst du Bilder, entweder physisch oder im Kopf durch Storytelling.

Fragen an des Apfels Kern

In unserer Gesellschaft habe ich ein interessantes Phänomen ausgemacht: Wenn wir Fragen stellen, dann überwiegend sogenannte „geschlossene Fragen", also Fragen, die mit einem „Ja" oder „Nein" beantwortet werden können. Wenn ich etwas über jemanden erfahren will, kann das mit diesen Fragen ganz schön anstrengend sein. Denn da muss ich mehr reden als die andere Person und ich kratze oft nur an der Oberfläche des Themas oder des Problems.

WENN DU ALSO TIEFERGEHENDE INFORMATION BEKOMMEN MÖCHTEST, DANN STELLE MEHR OFFENE FRAGEN.

Hier bieten sich „W-Fragen" an: **Wer, Was, Wann, Wo, Wie, Weshalb, Wozu, Wodurch ...** Dadurch redet die andere Person viel mehr.

Du kannst dir das wie bei einem Apfel vorstellen. Viele Menschen beißen den Apfel an vielen Stellen nur oberflächlich an. Dabei wollen wir doch alle an des Apfels Kern, oder? Wenn also ein interessanter Aspekt angesprochen wird, ist es klug, nicht gleich einen anderen Aspekt anzusprechen, sondern tiefergehende Fragen zu stellen.

Ich bin mein ganzes Leben immer ein gesuchter Zuhörer gewesen bei meinen Freund:innen und Kolleg:innen. Immer wenn sie ein Problem hatten, kamen sie zu mir. Ich habe mich lange gefragt, warum. Irgendwann fand ich heraus, dass es daran lag, dass ich einfach nur Aktives Zuhören praktiziert, Empathie gezeigt und offene Fragen gestellt habe – ganz unbewusst und ohne diese Techniken zu kennen. Und heute habe ich daraus meinen Beruf als Kommunikationstrainer und Coach gemacht.

Ich wünsche auch dir viel Erfolg beim Kommunizieren!

Vorwürfe werden Wünsche

Schreibe zehn typische Vorwürfe auf, die du ständig hörst, und formuliere sie um in Wünsche.

UMSETZENSWERT

➥ „Vorwürfe in Wünsche umformulieren"
Schreibe z. B. auf der vorherigen Seite **zehn typische Vorwürfe** auf, die du ständig hörst (vielleicht sogar aus deinem eigenen Mund), und formuliere diese dann um in Wünsche. **Vorwürfe sind nämlich schlecht formulierte Wünsche.** Denn ich will ja eine Verhaltensänderung erreichen. Wenn ich dies aber als Vorwurf formuliere, wird das meistens nicht passieren. Na, wie fühlt sich das an?

➥ Versetze dich mal in eine Person hinein, die die Vorwürfe hört und dann als Alternative die Wünsche. **Auf was würdest du eher reagieren?**

ERWÄHNENSWERT

➥ Marshall B. Rosenberg, „Gewaltfreie Kommunikation", Junfermann 2016.

WISSENSWERT

➥ Hier kannst du testen, zu welchem Persönlichkeitstyp du nach DISG gehörst:

Behandle andere so,

wie sie gerne behandelt werden möchten.

FÜR UNTERWEGS

Deine Gipfel

ES GIBT UNZÄHLIG VIELE GIPFELKREUZE, DIE ES WERT SIND, ERREICHT ZU WERDEN. WIE FINDEST DU HERAUS, WELCHE FÜR DICH BESTIMMT SIND?

KATHI SCHR

Berlin City Girl, liebt Mode und Fotografie, hört 24/7 Musik und könnte niemals ohne Kartoffeln, Süßigkeiten und Trash-TV leben.

Influencer:in werden

Wie du andere mit auf deine Reise nimmst

Hey du, ich bin Kathi und komme ursprünglich aus einem kleinen Dorf in NRW mit etwa 4.000 Einwohnern. Wie du dir vorstellen kannst, war da nicht viel los, und ich glaube, es leben dort wirklich mehr Kühe und Schafe als Menschen.

Mit über 300.000 Follower:innen auf Instagram bin ich eine sogenannte Influencerin. In diesem Kapitel möchte ich dir gerne erzählen, wie sich meine Influencer-Karriere, wenn man es so nennen möchte, entwickelt hat. Was ich für Tipps habe, falls du auch so einen Weg gehen möchtest. Wie mein Arbeitsalltag ungefähr aussieht. Aber auch, welche Schattenseiten eine Social-Media-Karriere eventuell für dich haben könnte.

Wie alles anfing

2014 erstellte ich meinen Instagram-Account @kathiischr. Wie ich auf diesen absolut sensationellen Namen gekommen bin? Na ja, ich heiße eigentlich Katharina und mein Nachname fängt mit SCHR an. Hätte ich gewusst, dass mir mal so viele Menschen folgen würden, hätte ich mir vermutlich etwas Spektakuläreres einfallen lassen ... 2014 war ich bereits 19 Jahre alt. Bei vielen „Social-Media-Stars" beginnt die Karriere heute schon zwischen 14 und 16 Jahren. Ich war also schon eher eine Spätzünderin. Aber das finde ich im Nachhinein gar nicht mehr so schlecht. Eigentlich bin ich mittlerweile sogar sehr froh darüber. Wieso? Das erfährst du in einem späteren Teil dieses Kapitels.

MEIN ZIEL WAR ES NIE, INFLUENCERIN ZU WERDEN.

Diesen Begriff gab es damals tatsächlich noch gar nicht. Ich wollte einfach nur, so wie meine ganzen Freundinnen damals, einen Instagram-Account haben, um dort ein paar Fotos zu teilen. In meinem ersten Jahr auf Instagram postete ich insgesamt 38 Fotos. 38 Fotos in 365 Tagen. Das heißt, ungefähr drei Fotos pro Monat. Die aktivste Person war ich also nicht dort. Die Fotos, die ich postete, waren Selfies, Fotos mit Freund:innen oder Urlaubsbilder. In meinem zweiten Jahr auf Instagram begann ich, „Mirror-Selfies" bzw. Outfit-Bilder zu posten. Und damit fing alles an.

Im Sommer 2013 habe ich (glücklicherweise) erfolgreich mein Abitur absolviert. Um ehrlich zu sein – mehr oder weniger erfolgreich. Der Knaller war ich nicht in der Schule. Dann stand ich vor der Frage: „Was nun?" Ausbildung, Studium oder vielleicht doch ins Ausland? Ich wusste es nicht. Vielleicht geht es dir ja ähnlich. Da meine Abinoten nicht die besten waren, hatte ich leider nicht ganz so viele Möglichkeiten, was die Studienwahl anging. Also begann ich im März 2014 mit einem Wirtschaftsrecht-Studium in Bielefeld. Wirtschaftsrecht? Ja, empfand ich leider die meiste Zeit genau so langweilig, wie es sich für mich anhörte. Mein Herz schlug viel mehr für Mode, Lifestyle und Journalismus als für Gesetze und BWL. Aber ich hatte mich dafür entschieden und daher war für mich auch klar, dass ich es durchziehen würde. Mir war es wichtig, einen vernünftigen Abschluss zu haben, mit dem ich etwas „anfangen kann", und das war bei Wirtschaftsrecht immerhin der Fall.

Ziemlich Strange

Mehr als ein Hobby

Jeden Morgen in der Uni freute ich mich schon darauf, wieder nach Hause zu kommen und ein neues Outfit-Bild zu schießen. Das tat ich dann auch immer regelmäßiger. Von anfänglich drei Posts im Monat wurden es schließlich zwei bis drei Posts pro Woche. Immer wenn ich Zeit hatte, stellte ich Outfits zusammen, fotografierte sie und suchte nach neuen Inspirationen auf Instagram. Schnell merkte ich, dass dieses Posten zu einem richtigen Hobby von mir wurde. Outfit-Bilder-Posten ein Hobby? Hört sich ziemlich „strange" an, vor allem zur damaligen Zeit. Ich glaube, hätte ich das da jemandem erzählt, hätten viele gedacht, ich wäre etwas weird. Vor allem in meinem kleinen Kaff. Aber auf die Meinung von anderen, vor allem von Fremden, habe ich glücklicherweise noch nie wirklich viel Wert gelegt.

Am 29. September 2015, eineinhalb Jahre, nachdem ich meinen Account erstellt hatte, erhielt ich über Instagram plötzlich meine erste Kooperationsanfrage von @lovingtanofficial, einem australischen Unternehmen, das Selbstbräuner verkauft. Wow! Sie fragten mich, @kathiischr, ob sie mir einige ihrer Produkte kostenlos (!) zuschicken dürften und ob ich diese, falls sie mir gefallen sollten, promoten würde. Ich hatte zu dem Zeitpunkt tatsächlich noch nie Selbstbräuner benutzt. Aber egal, ich war hin und weg, dass sie mich gefragt hatten.

STOLZ WIE OSKAR RANNTE ICH ZU MEINER MAMA, UM IHR VON MEINEM GLÜCK ZU ERZÄHLEN.

Tatsächlich packte Mama mal wieder die Sicherheitsfanatikerin aus – yeeey!!! Ganz schnell bereute ich es auch wieder, dass ich ihr davon erzählt hatte. Im Nachhinein verstehe ich natürlich, dass sie Bedenken hatte und misstrauisch war. Sie kannte sich mit Instagram und dem ganzen Social-Media-Business ja gar nicht aus und hatte Angst, dass ich hinterher irgendwelche Verträge „an der Backe haben" würde. Und ehrlich gesagt, sie hat ja auch recht! Man muss wirklich aufpassen, worauf man sich einlässt, und sollte nicht einfach irgendwelche Verträge oder Ähnliches unterschreiben. Aber in diesem Fall bin ich ausnahmsweise froh, dass ich nicht auf sie gehört, sondern einfach mein „eigenes Ding" gemacht habe.

Ich nahm die Kooperationsanfrage an. Einige Tage später erhielt ich die Produkte und zum Glück lief die Zusammenarbeit vollkommen problemlos ab. Andernfalls wäre das vermutlich meine erste und auch letzte Kooperation gewesen – zumindest, wenn es nach Mama gegangen wäre.

Die ersten Reposts

Knapp zwei Wochen später, am 12. Oktober 2015, kam dann das nächste „Highlight". Zum ersten Mal wurde eines meiner Bilder auf einem anderen Instagram-Account reposted, und zwar auf @zalando, dem offiziellen Instagram-Account des Online-Shops Zalando, einem Shop, bei dem ich so unheimlich gerne bestellte! Ich konnte es gar nicht glauben. „Reposten" bedeutet, Bilder von anderen Nutzer:innen auf seinem Feed, d. h. seiner Instagram-Seite, zu teilen und somit erneut zu veröffentlichen. Der Post bekam damals mehr als 4.000 Likes und ich somit viele neue Follower, da @zalando mich auf dem Bild markierte. Auf dem Foto trug ich einen Adidas-Sweater, den ich kurz zuvor auf deren Webseite gekauft hatte. Ich markierte damals @zalando in meinem Post, um meinen Follower:innen zu zeigen, wo ich meinen Adidas-Sweater bestellt hatte. Durch diese Markierung wurde der Shop auf mich aufmerksam und offensichtlich gefiel ihnen das Bild, sodass sie es auch auf ihrem Feed teilten. Mit diesem „Repost" begann förmlich meine „Instagram-Karriere".

EXPLODIERT!

Immer mehr Accounts reposteten plötzlich meine Bilder auf ihren Feeds. Am 16. Dezember 2015 wurde ich zum ersten Mal auf @fitnessgirlsmotivation repostet, einem Account mit damals um die zwei Millionen Follower:innen. Mein Bild bekam mehr als 32.900 Likes. Krass! 32.900 Menschen fanden mein Foto toll. Stell dir mal so viele

Menschen auf einem Fleck vor! Das ist der Wahnsinn. Dieser Repost war wie ein Dominostein, der umgestoßen wurde und Hunderte andere Steine mit sich riss. Meine Bilder wurden auf immer mehr und immer größeren Accounts, z. B. auch auf @americanstyle mit damals um die vier Millionen Followern, geteilt. Dadurch explodierte meine Reichweite und somit auch meine Followerzahl. Pro Tag hatte ich teilweise einen Zuwachs von Tausenden neuen Follower:innen. Manchmal folgten mir pro Woche um die 7.000 neue Menschen.

Alles easy?

Hört sich eigentlich ziemlich easy an, Influencer:in zu werden, oder? Einfach ein paar Fotos schießen, diese dann posten und andere Instagram-Accounts darauf markieren. Anschließend auf deren Feeds repostet werden und so Tausende Follower:innen bekommen. Ganz so einfach ist es aber leider doch nicht.

ERST MAL GLAUBE ICH, DASS EINE MENGE GLÜCK DAZUGEHÖRT.

Wie gesagt: Ich hatte das nicht geplant. Es hat sich einfach so entwickelt, weil ich das Glück hatte bzw. habe, dass andere Menschen meinen Content mögen. Und vor allem, dass solche einflussreichen Accounts wie @fitnessgirlsmotivation oder @americanstyle meine Bilder gut fanden und auf ihren Feeds geteilt haben. Ohne diese Accounts wären niemals so viele Menschen auf mein Profil aufmerksam geworden und ich hätte niemals so viele Follower:innen bekommen. Neben Glück gibt es aber auch ein paar andere Punkte, die man beachten sollte, um eventuell auch so einen Weg gehen zu können. Einer ist ganz besonders wichtig: echte Leidenschaft.

Echte Leidenschaft!

Du musst sowohl für Instagram bzw. Fotos und Videos als auch für den Content, den du teilst, brennen. In erster Linie solltest du einfach mega viel Spaß daran haben und es „für dich" machen. Ich habe es einfach geliebt, Outfits zu kreieren, Fotos zu machen und auf Instagram aktiv zu sein. Niemals hätte ich gedacht, dass ich andere Menschen in irgendeiner Form inspirieren könnte.

Wichtig ist, dass du dir erstmal überlegst, welchen Content du gerne teilen möchtest. Wofür begeisterst du dich ganz besonders? Gehst du unheimlich gerne ins Fitnessstudio und beschäftigst dich mit dem Thema Ernährung? Oder begeisterst du dich für Mode und Trends und stellst gerne Outfits zusammen, so wie ich zum Beispiel? Liebst du es, zu reisen und die schönsten Orte und Hotels zu teilen? Oder brennst du doch für die Beautybranche? Finde deine Nische und teile, was du liebst und wofür du brennst.

Ein weiterer Tipp von mir ist: Sei anders. Sei besonders und einzigartig. Du solltest irgendetwas haben, was dich auszeichnet. Sei es, dass du super kreativ hinsichtlich deines Contents bist oder dass du mega witzig bist und deine Community unterhältst. Oder dass du super sportlich bist und deine Follower:innen motivierst oder einen Style hast, den viele inspirierend finden. Sei auf irgendeine Art und Weise anders und hebe dich von der Masse ab. Hilfreich ist dabei auch, wenn du bzw. dein Account Wiedererkennungswert hat. Nutze zum Beispiel bei der Bearbeitung deiner Fotos ähnliche Filter. So verleihst du deinem Feed neben dem ganz persönlichen Stil eine einheitliche und stimmige Note, was ihn gleichzeitig viel ästhetischer und professioneller wirken lässt.

Ebenso wichtig sind Aktivität und Inter-

Gute Unterhaltung

aktion. Poste regelmäßig. Früher habe ich meistens einmal pro Tag gepostet. Aktuell poste ich sogar zweimal täglich. Deine Community will unterhalten werden. Gib deinen Follower:innen also kleine Einblicke in dein Leben bzw. in deinen Alltag oder lasse sie an deinen Gedanken teilhaben. Dabei sollte jedoch auf keinen Fall die Qualität deines Contents leiden. Regelmäßig zu posten bedeutet nicht, deine Community mit allem möglichen „Schrott" vollzuspammen, ganz nach dem Motto: Hauptsache, ich poste heute etwas. Dein Content sollte deine Follower:innen in irgendeiner Art und Weise „bereichern", sei es durch Unterhaltung, Information, Motivation oder Inspiration. Anderenfalls sind sie irgendwann gelangweilt und entfolgen dir wieder.

Außerdem ist es wichtig, dass du mit deiner Community interagierst, sei es durch Nachrichten oder in Kommentaren oder durch Likes und Kommentare auf anderen Accounts, und die richtigen Hashtags und Tags verwendest. Sie helfen dir, von anderen Nutzern entdeckt zu werden und somit eine Reichweite zu erzielen.

Was auch nicht fehlen darf, ist eine ordentliche Portion Selbstbewusstsein und Mut. Gerade am Anfang werden wahrscheinlich viele Menschen aus deinem Umfeld über dich reden oder urteilen – positiv und vermutlich leider auch negativ. Das sollte dich aber nicht verunsichern. Ganz ehrlich, ist doch egal, was andere Leute über dich denken. Meistens sind das eh Menschen, die dich gar nicht wirklich kennen und dich oder das, was du machst, daher auch gar nicht beurteilen können.

WENN DU SPASS DARAN HAST, ES DICH ERFÜLLT UND DU DENKST, DASS DAS DER RICHTIGE WEG FÜR DICH IST, DANN GEH IHN, EGAL, WAS ANDERE DAVON HALTEN.

Wenn du es nicht versuchst, weil du Angst hast, was andere über dich denken oder sagen könnten, wirst du dich wahrscheinlich irgendwann ärgern und immer fragen, wie dein Leben verlaufen wäre, wenn du dich doch getraut hättest. Mach, was dich glücklich macht!

Bleib du selbst!

Am allerwichtigsten für einen erfolgreichen Instagram-Account bzw. eine erfolgreiche Influencer:innen-Karriere ist meiner Meinung nach jedoch Authentizität. Sei immer du selbst und bleib dir selbst treu. Verstell dich niemals. Gib niemals vor, jemand anderes zu sein. Deine Community merkt das sofort. Authentizität ist das oberste Gebot, das A und O. Denn wer folgt schon gerne Leuten, bei denen man das Gefühl hat, sie sind nicht sie selbst, verstellen sich, um irgendwie besser anzukommen, oder sind vielleicht sogar unehrlich – ich definitiv nicht.

Und was ich dir auch noch mit auf den Weg geben möchte: Heb auf keinen Fall ab. Nur weil dir plötzlich 10.000, 100.000 oder vielleicht sogar eine halbe Millionen Menschen

Bleib dir selbst treu!

folgen und toll finden, was du machst, heißt das nicht, dass du ein besserer Mensch bist. Das muss man sich wirklich immer wieder vor Augen führen, denn ich glaube, man hebt tatsächlich schneller ab, als man es sich vorstellen kann, und merkt es dabei vermutlich auch gar nicht. Also vergiss niemals: Du bist ein Mensch wie jeder andere, nur mit ein paar mehr Follower:innen, und genau denen hast du das, was du machen kannst, überhaupt zu verdanken.

Das sind die ersten und wichtigsten Dinge, die mir spontan einfallen, wenn du mich fragen würdest, was ich dir für Tipps geben könnte, um auch so einen Weg gehen zu können. Trotzdem sollte dir bewusst sein, dass es die Wenigsten tatsächlich schaffen, und damit möchte ich dich auf keinen Fall entmutigen oder deinen Traum zerstören. Ich will nur deutlich machen, dass dieses Wunschdenken: „Ich schieße einfach ein Foto, poste es und irgendwie kommen dann schon die Follower:innen", nicht der Realität entspricht.

EINE INSTAGRAM-KARRIERE KANN GENAUSO SCHNELL, WIE SIE ANGEFANGEN HAT, AUCH WIEDER ZU ENDE SEIN.

Ganz nach dem Motto: Heute in, morgen out. Daher ist es meiner Meinung nach auch so unglaublich wichtig, eine Ausbildung, ein Studium oder zumindest einen vernünftigen Schulabschluss zu machen. Deshalb habe ich auch am Anfang meines Kapitels geschrieben, dass ich so froh darüber bin, dass ich meinen Instagram-Account erst mit 19 Jahren erstellt habe und sich meine „Instagram-Karriere" somit erst entwickelt hat, als ich bereits 20 Jahre alt war. Denn zu diesem Zeitpunkt hatte ich mein Abitur schon in der Tasche und befand mich außerdem mitten im Studium.

Was muss man investieren?

Tatsächlich muss man auch eine Menge Arbeit und Zeit investieren, um auf Social Media erfolgreich zu sein. Als ich nur ein Mal pro Tag gepostet habe, ließ sich mein Influencer-Arbeitsalltag gerade so mit meiner 34-Stunden-Woche bei der Deutschen Telekom, wo ich mein Praxissemester damals gemacht habe, vereinbaren. Teilweise war es auch wirklich super stressig. Jetzt, wo ich zwei Mal am Tag poste, investiere ich natürlich deutlich mehr Zeit in Instagram. Meine Stundenanzahl hat sich mittlerweile fast verdreifacht.

Viel Zeit ... und viel Arbeit!

Ich mache eigentlich fast jeden Tag Fotos. Das nimmt den größten Teil meiner Zeit in Anspruch, denn dazu gehört natürlich auch, sich erst mal ein Motiv zu überlegen und die Fotos im Anschluss zu bearbeiten. Abgesehen davon investiere ich sehr viel Zeit in die Planung meines Feeds – also, dass ich mir überlege, an welchem Tag ich welches Bild poste. Hört sich irgendwie auch mega unspektakulär und einfach an, oder? Tatsächlich ist das aber super wichtig, da der Feed ja sozusagen das „Aushängeschild" deines Accounts ist. Denn kommt ein:e potenzielle:r Follower:innen auf deinen Account, sieht er oder sie ja als erstes deinen Feed und daher ist dieser meiner Meinung nach genauso relevant wie das einzelne Foto selbst.

Darüber hinaus gehört es zu meinem Arbeitsalltag, Videos und Fotos für Instagram-Stories zu produzieren, E-Mails zu beantworten, Rechnungen zu schreiben, neue Klamotten zu bestellen oder auch Kommentare und Nachrichten von der Community zu beantworten. Also echt richtig coole „Aufgaben" – für mich zumindest. Außerdem suche ich täglich nach Inspirationen, sei es auf Instagram selbst oder anderen Apps wie Pinterest, um neue Ideen für meine Fotos zu bekommen, denn nach so vielen Jahren ist es manchmal leider gar nicht so einfach, sich immer wieder neue Motive und Styles zu überlegen. Vor allem, wenn man zwei Bilder am Tag postet und dementsprechend doppelten Content benötigt.

Die Schattenseiten

Schon oft habe ich, wenn es um Social Media bzw. Influencer:innen ging, Aussagen gehört wie: „Die sieht so perfekt aus, hat wunderschöne Lippen, eine perfekte Nase, einen makellosen Körper", oder: „Die hat so ein geiles Leben, ist schon wieder im Urlaub, hat so eine perfekte Beziehung". Oft leider allerdings auch in Verbindung mit Aussagen wie: „Wieso sehe ich nicht so aus?", „Das hätte ich auch gerne", oder sogar: „Mich zieht das so runter, wenn ich das ständig sehe". Auf der einen Seite kann ich das auch verstehen, wenn man täglich perfekt selbstinszenierte, bearbeitete Mädels auf Instagram sieht, die gerade mal wieder mit ihrem scheinbar makellosen Körper am Strand von Dubai liegen.

Gleichzeitig kann ich es aber auch irgendwie nicht nachvollziehen, weil mir persönlich immer bewusst ist, dass diese „Welt" viel mehr einer Scheinwelt als der Realität entspricht, in der einfach alles nur perfekt dargestellt und bearbeitet wird.

WAS ICH WIRKLICH ALS PROBLEMATISCH SEHE, IST, WIE SOCIAL MEDIA DAS SELBSTWERTGEFÜHL BEEINFLUSST, UND ZWAR MEISTENS LEIDER NEGATIV.

Vor allem durch den Drang, sich ständig mit anderen zu vergleichen. Alles muss immer schöner, besser und luxuriöser sein. Wer hat das geilere Haus? Wer hat die teurere Karre? Wer führt die glücklichere Beziehung? Wer ist erfolgreicher? Wer hat mehr Follower:innen? Wer bekommt mehr Likes? Solche Gedanken schreien doch förmlich nach Selbstzweifeln, einer verzerrten Selbstwahrnehmung und nach Frustration. Und Grund dafür sind Filter, Photoshop, Tonnen von Make-up, gestellte Szenen und vielleicht sogar Beauty-OPs. Eigentlich ist das echt traurig. Ich will bzw. kann mich auch gar nicht davon freisprechen – ich bearbeite meine Fotos genauso, nutze Filter und versuche, mich natürlich auch so gut wie möglich in Szene zu setzen. Ich will dir nur klarmachen, dass das, was du auf Social Media siehst, nicht der Realität entspricht und diese Menschen wahrscheinlich kein glücklicheres oder spannenderes Leben führen, nur weil sie viele Likes und Follower:innen haben. Und schon gar nicht lohnt es sich, wegen irgendwelcher „Prollos und Poser", die ihr absolut geiles und perfekt inszeniertes Leben auf Social Media präsentieren, unglücklich zu werden!

Was ich aber mindestens genau so traurig finde, ist, wenn sich solche Gefühle der Unzulänglichkeit dann zu Neid, Missgunst und Hass entwickeln und in negativen Kommentaren widerspiegeln. Damit meine ich nicht konstruktive Kritik, sondern wirklich böswillige Kommentare mit dem Ziel, andere Menschen schlecht zu machen, bloßzustellen, zu verletzen oder sogar zu mobben. Und wofür? Wahrscheinlich vor allem, um sein eigenes Minderwertigkeitsgefühl und mangelndes Selbstbewusstsein zu kompensieren und sich somit selbst besser fühlen zu können. Im schlimmsten Fall entsteht durch negative Kommentare sogar eine richtige Hate-Welle, die bei den betroffenen Men-

Denk erst mal nach!

schen einen großen emotionalen Schaden anrichten kann. Bevor du irgendwelche Kommentare im Internet loslässt, solltest du deshalb erst mal darüber nachdenken, wie du dich fühlen würdest, wenn du das, was du schreiben willst, öffentlich im Netz über dich lesen würdest. Wenn dich der Kommentar verletzen würde, wird er die Person, an die er gerichtet ist, vermutlich genauso verletzen.

Natürlich wurden mir auch schon öfters negative, manchmal auch wirklich böswillige oder beleidigende Nachrichten und Kommentare geschrieben. Manchmal verletzen mich solche Kommentare auch. Tatsächlich nicht oft, weil ich glücklicherweise eher selten mit so etwas konfrontiert werde, und wenn doch, die Vorwürfe oftmals haltlos sind. Dennoch möchte ich auf meinem Instagram-Account keinen Raum für Negativität bieten. Deshalb gehe ich auf solche Kommentare zu 95 % gar nicht erst ein. Ich lasse sie meistens einfach unkommentiert stehen und ignoriere sie. Und nach meiner Erfahrung ist das die beste Art und Weise, damit umzugehen – für mich zumindest. Ich möchte diesen Menschen nämlich gar nicht die Genugtuung einer entsprechenden Reaktion geben. Wenn die Nachrichten oder Kommentare allerdings unter die Gürtellinie gehen, lösche ich diese dann ab und zu auch. Meistens blockiere ich solche Nutzer:innen außerdem obendrein, um mir diese Negativität von vornherein zu ersparen. Falls du also vorhast, eine Social-Media-Karriere einzuschlagen, sollte dir daher bewusst sein, dass du eventuell auch mit böswilligen Nachrichten und Kommentaren oder vielleicht sogar „Hate" konfrontiert werden könntest und deinen eigenen, persönlichen Weg finden musst, um damit umzugehen.

Ich hoffe sehr, dass ich dir hiermit einen kleinen Einblick in mein „Influencer-Leben" geben konnte.

MEIN GRÖSSTER WUNSCH FÜR DICH IST, DASS DU DEIN LEBEN SELBSTBESTIMMT, ZIELGERICHTET UND ERFOLGREICH FÜHREN KANNST.

Wenn du einen Traum hast, wirklich für etwas brennst und Influencer:in werden möchtest, dann versuch es! Sei mutig und glaub an dich. Und vor allem gib nicht auf, wenn es nicht von heute auf morgen klappt. Bei mir hat es ja auch einige Zeit gedauert.

Vergiss aber nie, wer du bist und woher du kommst. Verstell dich niemals, um anderen mehr zu gefallen oder besser anzukommen. Bleib dir selbst treu. Und vor allem vergiss nie, was wirklich wichtig ist im Leben. Sei immer dankbar und zeig das den Menschen, die dich unterstützen. Und auch wenn ich in diesem Kapitel einige Dinge kritisiere, die diese Social-Media-Welt betreffen, liebe ich unheimlich, was ich mache, und bin so dankbar, dass ich von so vielen Menschen unterstützt werde! Ich drücke dir auf jeden Fall ganz fest die Daumen, dass du etwas im Leben findest, was dich glücklich macht.

Liebe, was du tust :)

NACHDENKENSWERT

→ Wie **fühlst du dich** auf Social Media?

→ Zieht es dich oft runter und beeinflusst es dein **Selbstwertgefühl** negativ?

→ **Was machst du**, um da rauszukommen?

UMSETZENSWERT

→ Was ist **dein Traum?**

→ Welchen Schritt kannst du heute gehen, um ihm etwas näher zu kommen?

ERWÄHNENSWERT

Ich nutze Apps wie **„Lightroom"** und **„VSCO"** zur **Bildbearbeitung** und **„Preview"** zur **Planung** meines Feeds. Um Ideen und Inspirationen zu bekommen, gehe ich z. B. auf **„Pinterest"**.

Sei Du selbst,
SO BIST DU AM BESTEN!

FÜR UNTERWEGS

HANNA UMFAHRER

ist Entrepreneurin, lebt mit ihrem Beagador Hugo in der schönsten Stadt am Rhein, arbeitet in der Klingenstadt und schickt sich selbst Nachrichten mit neuen Ideen.

Selbstständigkeit

WIE DU HERAUSFINDEST, OB BERUFLICHE SELBSTBESTIMMUNG DEIN DING IST

„Selbstständigkeit – die unendlichen Weiten der Selbstbestimmung, die in die ultimative Freiheit führen." So stellen viele sich den Arbeitsmodus von Selbstständigen vor.

Auch ich habe mich schon immer von diesem Lebensstil angezogen gefühlt – denn genau das ist Selbstständigkeit: ein Lebensstil. Selbst entscheiden, was man tut und in welche Richtung es gehen soll, frei entscheiden, wann man Urlaub macht und wann gearbeitet wird. Das klingt traumhaft für mich. Vielleicht geht es dir genauso. Dann ermutige ich dich, diesen Lebensstil für dich zu entdecken und, wenn es passt, ein paar mutige Schritte Richtung Selbstständigkeit zu wagen.

Wem du zuhören solltest und wem nicht

Viele Menschen haben eine Meinung über das Selbstständigsein. Manche halten es für mutig oder riskant, andere für unnötig, wieder andere für absolut bedeutsam. Fakt ist: Wenn du dich für eine Selbstständigkeit entscheidest, ist es einfach dein Lebensstil. Andere dürfen ihre Meinung haben, aber du lebst mit den Umständen.

Eine Wertung oder Einschätzung von Menschen, die nicht selbstständig sind, hilft dir selten weiter. Dagegen ist es immens wichtig, dass du die richtigen Zuhörer:innen und Berater:innen um dich herum hast. Im besten Fall einen bunten Haufen von Soloselbstständigen, Manager:innen

und Großunternehmer:innen aus verschiedenen Branchen, die auf verschiedene Arten zu deinem Leben gehören.

Zum Beispiel: Mein Vater ist selbstständig tätig, seitdem ich denken kann. Aber auch in meinem erweiterten Umfeld gibt es Soloselbstständige, Kleinunternehmer:innen, Geschäftsführer:innen und Führungspersonen in Unternehmen. Die verschiedenen Blickwinkel all dieser Menschen geben mir einen guten Einblick und bieten diverse Möglichkeiten für Austausch. Das ist so wertvoll.

Am besten suchst du schon vor dem Start in die Selbstständigkeit ein paar Gespräche mit solchen Personen, um von ihren Erfahrungen zu lernen und vielleicht eine realistische Einschätzung für deine Pläne zu bekommen.

SPÄTESTENS WENN DU DANN WIRKLICH SELBSTSTÄNDIG BIST, IST ES UNBEDINGT NOTWENDIG, DASS DU DIR AKTIV EIN NETZWERK AUFBAUST.

Über dein bereits bestehendes Umfeld hinaus gibt es die Möglichkeit, über Branchen-Gruppen oder Business-Netzwerke in Selbstständigen-Gruppen Anschluss zu finden. Oder du suchst dir einen Mentor bzw. eine Mentorin, an die oder den du dich eine Weile dranhängst.

Dein Ziel vor Augen

Als selbstständige Person ist es enorm wichtig, konkrete Ziele vor Augen zu haben. Natürlich wirst du nicht unbedingt von Anfang an genau wissen, wohin du willst. Aber du solltest dir direkt angewöhnen, konkrete Ziele zu entwickeln. Folgende Fragen können dir helfen, deine Ziele zu finden:

- Wie soll deine Unternehmung in fünf Jahren aussehen?
- Möchtest du soloselbstständig sein oder in einem Team arbeiten?
- Welche finanziellen Dimensionen möchtest du erreichen?
- Was ist deine konkrete Mission?

Wenn du gut strukturiert bist, kannst du deine Ziele dann sogar in SMARTE Ziele verwandeln und zwischendurch schauen, wo du stehst:

S spezifisch
M messbar
A attraktiv / reizvoll
R realisierbar
T zeitlich geplant

Ein wichtiges Ziel für mich war es immer, mit meiner Arbeit Bedeutsames zu tun. Nach dem bekannten DISG®-Persönlichkeitstest gehöre ich zur Menschengruppe der Pioniere. Daher scheue ich mich nicht davor, Dinge zu starten, die es noch gar nicht gibt. Dieser Wunsch schlummerte von Anfang an in mir.

Schritte der Umsetzung

Für mich wurde dieses Ziel dann 2017 klarer, als ich erkannt habe, dass ich mein Angebot auch Kirchen und gemeinnützigen Organisationen anbieten kann. Dort ist der Bedarf sehr groß, aber es gibt oft wenig Budget und Know-how. Ich habe dieses Ziel *spezifisch* gemacht, indem ich meine Marke in eine Markenfamilie umgewandelt habe: Eine der Tochtermarken sollte dann ganz gezielt diese besondere Zielgruppe erreichen. *Messbar* wurde es, als die erste Auftraggeberin aus dieser Zielgruppe kam. *Attraktiv* für mich daran war, dass es mir leichtfallen würde, für gemeinnützige Zwecke ein großes Maß an Motivation aufzubringen. Es war absolut *realisierbar*, da ich durch meine Mitarbeit bei Bürgerinitiativen und in Kirchengemeinden genau wusste, dass die Nachfrage da ist. Außerdem habe ich mit der anderen Tochtermarke meine budgetstabilere Zielgruppe von Wirtschaftsunternehmen behalten. Zeitlich planen musste ich dann nur noch den Wechsel meiner Personenmarke (Hanna Umfahrer) zu der Markenfamilie.

Der Mythos der Unabhängigkeit

Unabhängigkeit als Selbstständige:r bedeutet Abhängigkeit von dir selbst. Als selbstständige Person bist du abhängig von deiner Motivation, deinen Führungsfähigkeiten (auch ohne Mitarbeiter:innen), deinen Skills im Umgang mit Geld, deinen Kontakten und letztendlich deinem Erfolg. Es gibt nur wenig externe Faktoren, die deinen Weg beeinflussen, und viele davon sind das Gegenteil von unterstützend für dich. Vieles und viele werden gegen dich arbeiten: das Finanzamt, Konkurrent:innen, manchmal sogar eigene Kund:innen. Letztendlich kommt es viel mehr auf dich an als auf alle externen Faktoren. Wie und warum, das kannst du von diversen Motivations-Coaches erfahren, die Unternehmer:innen helfen, am Glauben an sich selbst und ihre Sache dranzubleiben und Großes zu schaffen. Du selbst bestimmst dein Limit.

Aber im Vergleich zu den verhältnismäßig vielen Menschen in deiner Umgebung, die als Angestellte beschäftigt sind, wirst du dich auch in schweren Zeiten auf dich selbst verlassen müssen. Bei Urlaub, Krankheit oder anderen „wirkungsschwachen" Phasen bist du auf dich selbst gestellt. Niemand springt für dich ein (es sei denn, du hast bereits ein starkes Team um dich aufgebaut), wenn du krank bist. Keiner zahlt dir die Ausfälle, die durch deinen Urlaub entstehen. Mit Blick auf mein Umfeld habe ich immer wieder neidisch auf die geblickt, die mit absolut ruhigem Gewissen ihren Urlaub genießen oder mal krank feiern konnten. Andersrum schauen andere neidisch auf Selbstständige, die ihren Urlaub freier planen und allgemein unabhängiger leben können.

ALLES HAT SEINEN PREIS.

Insofern glaube ich, dass es die totale Unabhängigkeit gar nicht gibt. Wenn du also gerne in Abhängigkeit von dir selbst lebst, weißt oder bereit bist zu lernen, wie du dich immer wieder selbst motivieren und weiterentwickeln kannst, dann kann die Selbstständigkeit dir genau das bieten. Wenn du aber mehr Sicherheit und Freiheit in der Abhängigkeit zu einem Arbeitgeber siehst, ist auch das total nachvollziehbar und der richtige Weg für dich.

Angestellt sein vs. Selbstständigkeit

Spätestens jetzt hast du schon ein realistischeres Bild von der Selbstständigkeit. Schau dir hier nochmal die Gegenüberstellung der zwei Lebensstile Angestelltentum und Unternehmertum an:

WENN DU ANGESTELLT BIST ...	WENN DU SELBSTSTÄNDIG BIST ...
+ hast du viele finanzielle Sicherheiten (regelmäßiges, gleiches Einkommen und Versicherungsleistungen, Rente etc.)	− hast du keine finanziellen Sicherheiten und musst nicht nur dein Einkommen, sondern auch das Firmengeld gut verwalten
+ kannst du Privat- und Berufsleben meistens besser trennen	− kann dein Einkommen extrem schwanken und ist durch nichts gesichert
+ hast du viele Rechte und Privilegien (bezahlten Urlaub, Elternzeit etc.)	− sind die Grenzen von Berufs- und Privatleben schwerer zu ziehen
+ weißt du oft, wie deine Aufstiegschancen / Perspektiven aussehen	− hast du viele Pflichten und bürokratische Hürden (hohe Steuerlast, viel Papierkram, Arbeitgeber:innen-Pflichten etc.)
− musst du oft sehr darum kämpfen, deine eigenen Ideen in Gang zu bringen	− weißt du nie mit Sicherheit, wie sich deine Perspektive entwickelt
− hast du meistens wenig flexible Arbeitszeiten	+ kannst du eigene Ideen angehen und sehen, wie sie Wirklichkeit werden
− bist du in großem Maße (circa 70 % deiner Zeit) fremdbestimmt	+ hast du dein Zeitmanagement zu 100 % in der Hand
− bewegst du dich eher in einer Blase deines Arbeitgebers, mit deinen Kolleg:innen und den oft selben Themen und Aufgaben	+ bist du in großem Maße selbstbestimmt (Auflagen von Behörden sind weiterhin zu erfüllen)
	+ hast du automatisch mehr Kontakt zu anderen Selbstständigen, die oft spannende Geschichten zu erzählen haben

Fast jeden Beruf kannst du im Angestellten- oder im Selbstständigenmodus ausüben – es stellt sich also vor allem die Frage, welches Lebenskonzept dir im Gesamten mehr zusagt.

Intelligenz x 7

Die wichtigsten Skills in der Abhängigkeit von dir selbst

Neben einer guten Geschäftsidee und den damit verbundenen Qualifikationen, die du sowieso schon mitbringst, musst du in der Selbstständigkeit vor allem auf eins setzen: deine emotionale Intelligenz. Dass Intelligenz messbar ist, weißt du bestimmt schon. Expert:innen sprechen von sieben Intelligenz-Typen (manche auch von mehr als sieben, google doch einfach mal danach):

1. logisch-mathematische Intelligenz
2. verbal-linguistische Intelligenz
3. räumlich-mechanische Intelligenz
4. musikalische Intelligenz
5. körperlich-kinästhetische Intelligenz
6. interpersonal-soziale Intelligenz
7. intrapersonale Intelligenz (Selbstkenntnis)

Diese inter- und intrapersonale Intelligenz nennt man auch emotionale Intelligenz, die mit dem EQ gemessen wird. Sie ist besonders wichtig für Selbstständige. Daniel Goleman nennt in seinem Standardwerk „Emotionale Intelligenz" folgende Merkmale, anhand derer man sie erkennen kann:

1. EMOTIONALE SELBSTWAHRNEHMUNG

Das bedeutet, die Person ist sich ihrer eigenen Gefühle und Gedanken bewusst (mehr dazu in Kapitel „Selbstbewusstsein") und kann ihre eigenen Schwächen und Stärken gut einschätzen.

2. SELBSTREGULIERUNG

Dazu gehören z. B. Optimismus, Leistungsorientierung, Anpassungsfähigkeit und emotionale Selbstkontrolle.

3. EMPATHIE

Jemand mit dieser Fähigkeit ist in der Lage, sich in andere einzufühlen und die (fremde) Meinung, Haltung oder Art anderer stehen zu lassen.

4. MOTIVATION

Eine emotional intelligente Person kann effizient mit Stress umgehen und sich selbst und andere immer wieder motivieren.

5. SOZIALE KOMPETENZ

Menschen mit hoher sozialer Kompetenz können besonders gut andere inspirieren und begleiten. Sie arbeiten gut im Team und können stabile, langfristige Verbindungen zu anderen pflegen. Außerdem sind sie kooperationsstark und geschickt in Verhandlungen, da sie sich gut ausdrücken, aber auch gut zuhören können.

Mach doch mal einen EQ-Test und finde heraus, welche emotionalen Kompetenzen du noch stärken kannst. Wie bei vielem im Leben lassen uns auch hier die Herausforderungen wachsen. Das heißt, es ist nicht schlimm, wenn du jetzt noch nicht in allen Bereichen gleich stark bist.

Weitere Eigenschaften, die dich tragen

Ich bin durch meine Selbstständigkeit ganz besonders in den folgenden drei Eigenschaften gewachsen. Wenn du sie von Anfang an auf dem Schirm hast, wird das die ganze Sache für dich sehr viel leichter machen.

1. ZÄHIGKEIT

Ausdauer wird für dich als Selbstständige:r eine völlig neue Bedeutung bekommen: Kund:innen, Projekte und Mitarbeiter:innen wollen an Land gezogen, gehalten und unterhalten werden. Vielleicht fragst du dich zwischendurch, wann du mal anhalten und deinen Erfolg feiern kannst. Dafür musst du dir Zeit nehmen. Prioritäten setzen, Raum für Dinge schaffen, die dir wichtig sind – das liegt in deiner Hand.

- Was brauchst du, um Ausgleich zu Überstunden und kurzen Nächten zu schaffen? Du bist keine Maschine und brauchst auch mal eine Pause. Gestalte diese Pausen bewusst mit Dingen, die dir Kraft geben. Dann fühlen sie sich auch nicht wie Zeitverschwendung an.
- Manchmal geht es drei Schritte vor und zwei wieder zurück. Wie gehst du mit Rückschlägen um? Lerne aus Fehlern und feiere, was funktioniert. Versinke nicht in Selbstmitleid.
- Vergleichen bringt dich meistens nicht weiter. Niemand lebt genau dein Leben und hat deine Kund:innen und deine Projekte oder Produkte. Manches können andere besser, manches du.
- Spiele deine Stärken aus und kenne deine Ziele – nicht die der anderen.

Für mich war es immer ein kleiner Traum, irgendwann wieder einen Hund zu haben, nachdem unser Familienhund Jack 2011 gestorben war. Mein Hund Hugo ist die Erfüllung dieses Traums und ein echter Allrounder: Er zwingt mich regelmäßig zu Pausen im Freien, ist immer da, auch wenn ich mal etwas verkacke, und zeigt mir Zuneigung, auch wenn andere vielleicht besser sind. Für ihn bin ich die Größte.

Du eNT- scHeiDesT!

2. GRENZEN ZIEHEN

In einen „Witz" verpackt haben viele Leute auf meinen Beruf mit „Ah, selbst und ständig" reagiert. So ist eine Zeit lang fast jeder Smalltalk gestartet. Auf der einen Seite, ja, es ist korrekt – oft muss man zu Beginn der Selbstständigkeit im Verhältnis zum Outcome viel mehr Input geben. Eben ständig. Das liegt daran, dass man sich selbst auch erstmal finden muss. Ein Dauerzustand sollte es aber nicht bleiben. Es hat schon sechs Jahre bei mir gedauert, bis ich einen PC fürs Privatleben und einen anderen für die Arbeit hatte, das gebe ich zu. Aber ich hatte zum Beispiel von Anfang an zwei Mobilfunkverträge und Handys im

Einsatz, da ich eben nicht ständig erreichbar sein wollte. Eine Falle, in die viele am Anfang tappen und dann schwer wieder rausfinden (weil sich Geschäftskontakte schnell daran gewöhnen und es als schlechten Service sehen, wenn man es im Nachhinein ändert). Die Grenze zwischen privat und beruflich darfst du selbst setzen. Du entscheidest, wie sehr verworben oder getrennt deine Lebensbereiche sein sollen.

Hab auch deine mentale und körperliche Gesundheit im Blick. Ja, es kann mal Wochenend- und Nachtschichten geben. Mit Schlafstörungen, Konzentrationsschwäche oder anderen Anzeichen wollen uns unser Körper und unsere Psyche aber auch ganz deutlich sagen: Du bist keine Maschine. Du hast Bedürfnisse (physisch, psychisch, sozial etc.) und diese auf Dauer zu vernachlässigen, macht dich kaputt. Auch als Selbstständige:r.

3. TRÄUMEN

Über die Wichtigkeit von Zielen hatte ich ja schon geschrieben. Das Ding ist: Wahrscheinlich wirst du deine Ziele irgendwann erreicht haben. Was machst du dann? Chillen? Ich finde, sobald in Sicht ist, dass du ein Ziel erreichen wirst, kannst du dir erlauben, dir einen weiteren Traum vorzunehmen.

SETZE DIR WIEDER NEUE ZIELE, EIN NEUES LIMIT, UND FINDE DIE NÄCHSTEN SCHRITTE.

Das motiviert dich nicht nur, so kannst du wirklich dein volles Potenzial leben. Vielleicht hast du auch zwischendurch mal private Träume, die du verwirklichen willst (Familie, Reisen etc.). Aber erlaube dir auch im Berufsleben nicht, zu lange im Status Quo auszuharren. Es geht immer noch mehr. Ist das nicht der Grund, warum du dich für die Selbstständigkeit entschieden hast? Dass es diese unbekannte Zukunft gibt, in der zumindest theoretisch erst mal alles möglich ist? Herrlich.

Noch ein Tipp für Hoch-Initiative

Viele, in denen ein Unternehmergeist steckt, sind sehr initiativ. Das führt manchmal dazu, dass man eine Idee nach der anderen probiert und nicht zu Ende bringt. Innerlich fühlt sich das an wie ein Jagdtrieb, der einfach nicht abzustellen ist. Irgendwo in einem steckt immer die Angst, den richtigen Moment einer richtigen Idee zu verpassen.

Mir hat es geholfen, alle meine Ideen in einem Notizbuch festzuhalten. Sobald ein neuer Gedanke kommt oder ein Name für etwas Neues oder eine Produktidee, einfach schriftlich festhalten. Ob digital oder analog — so geht es dir nicht mehr verloren. Schaffe einen Ort für deine Ideen, den nur du kennst, wo du nur deine persönlichen Gedanken festhältst. Das hilft unglaublich, damit man als Hoch-Initiative:r etwas mehr innere Ruhe schafft.

UMSETZENSWERT

→ Falls dir auch immer so viele **gute Ideen** durch den Kopf gehen, besorg dir ein schönes **Notizbuch** und fang an, sie festzuhalten!

WISSENSSWERT

Teste deinen EQ

ERWÄHNENSWERT

→ **Allgemeine Themen und Trends für Unternehmer:innen:**

- manager magazin
- Wladislaw Jachtchenko, „Die 5 Rollen einer Führungskraft", Remote 2020.
- Damian Collins, „SELBSTSTÄNDIG MACHEN: Die goldenen Regeln zur Existenzgründung, Unternehmensführung und Selbstständigkeit", Empire of Books 2020.
- Ines Maria Eckermann, „Frei und kreativ! Die Starthilfe in die Selbstständigkeit für kreative Köpfe", Rheinwerk Design 2021.

→ **Teilzeit-selbstständig:**

- Constanze Elter, „Selbstständig nach Feierabend: Unternehmer werden, ohne zu kündigen", Haufe 2017.

→ **Alternative Arbeitsmodi:**

- Timothy Ferris, „Die 4-Stunden-Woche: Mehr Zeit, mehr Geld, mehr Leben", Ullstein 2015.
- Stichwort "New Work", z. B. https://www.zukunftsinstitut.de/dossier/megatrend-new-work/

→ **Horizont erweitern:**

- Gary John Bishop, „Unfuck Yourself", L. E. O. 2018.
- Marie-Christine Ostermann u. a., „Zukunftsrepublik", Campus 2021.
- Sheryl Sandberg, „Lean in", Ullstein 2015.
- Marianne Heiß, „Yes, she can", Redline 2011.
- Organisation „Initiative Chefsache" (z. B. bei Instagram)

Deine Streckenposten

STICHWORTVERZEICHNIS

Möchtest du mehr zu einem bestimmten Thema wissen, zu dem es kein besonderes Kapitel gibt? Dann schau gerne hier nach:

Alkohol, Drogen, Rauchen
44 | 45 | 55 | 65 | 142

Angst
25 | 63 | 99 | 117

Arbeit, Beruf
27 | 48 | 50 | 55 | 62 | 74 | 76 | 122 | 140 | 150 | 160 | 179 | 188 | 192

Beratung
75 | 89 | 186

Dankbarkeit
26 | 48 | 181

Depression
48 | 103

Eltern
14 | 18 | 48 | 73-76 | 85 | 110

Emotionen, Gefühle
23 | 50 | 62 | 86 | 110-112 | 163 | 180 | 189

Entscheidungen
14 | 16 | 22-27 | 43 | 77 | 84 | 89 | 112 | 144 | 185

Enttäuschung
14 | 90 | 114

Erfolg
23 | 63 | 66 | 84 | 90 | 124 | 129 | 138 | 140-143 | 154 | 178 | 190

Erwartungen
12 | 24 | 106 | 112

Fähigkeiten
13 | 23 | 27 | 64 | 139 | 160 | 164 | 189

Gehirn
24 | 26 | 32 | 45 | 57 | 61 | 64 | 141

Gelassenheit
16 | 49

Identität
12 | 138

Kreativität
34 | 49 | 62 | 68 | 140

Lernen
25 | 48 | 58-60 | 99 | 127 | 145 | 151 | 161 | 186 | 190

Motivation
60 | 115 | 139 | 142 | 145 | 177 | 187 | 189

Mut
25 | 27 | 49

Neid
90 | 180 | 187

Niederlagen, Scheitern
25 | 26 | 37 | 190

Pausen, Powernap,
Regeneration
57 | 59 | 60 | 62 | 190

Prioritäten
85 | 110 | 190

Schwächen
13 | 15 | 18 | 189

Selbstbild,
Selbstwertgefühl
14 | 32-33 | 103 | 114 | 180

Shell-Studie
74

Sorgen
60 | 151

Sport
44 | 47 | 57 | 141

Stärken, Kompetenzen
13 | 15 | 18 | 189

Träume
61-63 | 84 | 92 | 139 | 142 | 154 | 191

Überzeugungen
15 | 32 | 46 | 77 | 112

Vegetarische Ernährung
46

Verantwortung
14 | 22 | 75 | 97 | 163

Vorbereitung, Planung
34-36 | 68 | 85 | 127 | 135 | 142 | 152-154 | 179 | 187

Wachstum,
Weiterentwicklung
15 | 25 | 27 | 46 | 57 | 92 | 141 | 145 | 190

Werte
14 | 36 | 78 | 111 | 155

Ziele
25 | 36 | 49 | 111 | 138 | 141 | 149 | 151-154 | 186 | 191

Zufriedenheit
23 | 25 | 31 | 43 | 67 | 102 | 115 | 138

Deine Motivator:innen

Die „Initiative für echtes Leben" richtet sich an junge Erwachsene, die mehr wollen als ein 08/15-Leben. Unsere Initiative möchte junge Erwachsene dabei unterstützen, ihr Leben nach eigenen Wünschen, Ideen und Vorstellungen zu gestalten.

So wurde die Idee geboren

„Echtes Leben" sind Sabrina, Lukas, Stephan, Kyul und Sung. Uns verbindet eine innige Freundschaft seit 20 Jahren. Wir haben gemeinsam die Welt mit einem Rucksack entdeckt und spannende neue Menschen kennengelernt, ehrenamtliche Projekte für Jugendliche gestaltet und uns in unserer jeweiligen Lebensphase mit verschiedensten Herausforderungen gegenseitig unterstützt, ermuntert und aufgebaut. Wir lieben die Herausforderung bei der Arbeit, aber auch in unseren anderen Lebensbereichen, zum Beispiel beim Sport. Ganz wichtig: Spaß kommt bei uns nie zu kurz! Wir leben unser Leben.

Unser Herz schlägt für das Netzwerken. Wir sind gerne von spannenden und interessanten Menschen umgeben und lieben es, von ihren Erfahrungen zu lernen. Das möchten wir auch anderen ermöglichen.

Wir motivieren junge Menschen, ihr Leben selbst in die Hand zu nehmen, um das zu tun, worin sie einen echten Sinn sehen und wobei sie wirklich Spaß haben. Sie sollen befähigt werden, ihre Talente zu entdecken und auszuleben, sie sollen ermutigt werden, ihren eigenen Weg zu suchen, sie sollen mit allen nötigen Skills ausgestattet werden, um dies zu erreichen. Sie sollen ihr echtes Leben in vollen Zügen genießen, ihr maximales Potenzial entfalten und ausschöpfen und damit einen positiven Einfluss auf die Gesellschaft haben.

Der Name unserer Initiative zielt genau darauf ab: Nach der Schule beginnt das echte Leben. Aber wie gut sind die jungen Erwachsenen darauf vorbereitet?!

Wir glauben, dass die wichtigste Lebensphase immer die Gegenwart ist mit den Entscheidungen, die wir heute treffen. Frei nach dem Motto von John Maxwell:

„NIEMAND IST JEMALS BEREIT GEWORDEN DURCH WARTEN. DU WIRST NUR BEREIT DURCHS STARTEN."

Deswegen bietet die Initiative „Echtes Leben" Bücher, Vorträge, Workshops etc. und eine entsprechende Plattform für Gleichgesinnte an, um den Austausch untereinander zu fördern. Die große Vision unserer Initiative ist es, in zehn Jahren die inspirierendste Lebensschule Deutschlands aufzubauen, um somit vielen Jugendlichen einen erfolgreichen Start ins „Echte Leben" zu ermöglichen.

Wir würden uns freuen, von dir zu lesen und zu hören. Kontaktiere uns doch auf Instagram unter @gipfelstuermerbuch.

Ein Herzensprojekt

Um das Realität werden zu lassen, hat es viele großartige Menschen gebraucht, bei denen wir uns an dieser Stelle aufrichtig und von ganzem Herzen bedanken wollen. Im Rückblick erinnert es uns an ein Puzzle:

Am Anfang war unsere Idee, die uns den Rahmen gab, dann kamen immer mehr Puzzleteile dazu, die schließlich ein besonderes Kunstwerk bzw. in unserem Fall ein wertvolles Team ergaben. Jedes Teammitglied ist einzigartig in seinen Talenten, Begabungen und Stärken – und das Wichtigste: Jede:r war mit voller Hingabe dabei, dieses Buch für dich zu entwerfen.

Lieber Stephan Choe, lieber Lukas Hong, DANKE!! Was gibt es Besseres, als mit den engsten Freunden ein Herzensprojekt auf die Beine zu stellen?!

UNS VERBINDET DIE BEGEISTERUNG DAFÜR, IN MENSCHEN ZU INVESTIEREN.

Es ist einfach großartig, unsere gemeinsamen Ideen und Träume zu verwirklichen. Ihr seid ganz besondere Menschen, die wir absolut feiern und wertschätzen. Ihr spornt uns an, über uns hinauszuwachsen. Dafür danken wir euch von ganzem Herzen. Wir freuen uns schon darauf, wenn unsere Kinder so alt sind, dass sie dieses Buch lesen können.

Liebe Rahel Dyck, DANKE!! Du warst so viel mehr als eine Lektorin für uns. Du warst unsere Mentorin, Projektleiterin und „Autoren-Mama". Bei dir liefen alle roten Fäden zusammen und du hast trotz der schier endlosen Menge an Punkten und Unterpunkten auf unserem Projekt-Board nie den Überblick verloren. Deine charmante Art und Weise, uns an kritische Termine und Korrekturen zu erinnern, hat uns immer ein Schmunzeln auf die Lippen gebracht und ermutigt, weiter an unserem Projekt zu arbeiten. Du liebst deine Arbeit, das haben wir in jedem unserer Meetings gespürt. Es ist einfach großartig, mit dir gemeinsam dieses Projekt gestalten zu dürfen.

Liebe Hanna Umfahrer und liebe Yvonne Pils, DANKE!! Eure Liebe zu unserem Buch sehen wir auf jeder einzelnen Seite. Die Gestaltung ist einfach so viel genialer geworden, als wir es uns erträumt haben. Ihr habt euch so zahlreiche Gedanken gemacht, wie wir das Buch ansprechend für unsere Leser:innen aufmachen können. Hammer! Wir blicken voller Neid auf eure kreativen Köpfe und visuelle Vorstellungskraft. Von eurer Schaffenskunst können sich die Leser:innen nun selbst ein Bild machen. Eure Leidenschaft und euer Herz für Design, Medien- und Kommunikationsgestaltung können wir in jeder Grafik und jedem Farbklecks spüren.

Liebe Karis Coronel, DANKE!! Dein besonderes Talent für Fotografie dürfen wir nun alle im Buch und in den Social-Media-Kanälen kennenlernen und genießen. Deine Fotos sind wirklich besonders! Wir lieben es, wie du Situationen mit deiner Kamera einfängst.

Lieber Daniel Aderhold, DANKE!! Du hast dich mutig der Herausforderung gestellt, für jeden Satz in diesem Buch den richtigen Platz zu finden, und dabei unsere Vorstellungen von Professionalität und Flexibilität echt übertroffen. Dank dir ist es ein Genuss, dieses Buch zu lesen.

An alle beteiligten Schulen und Jugendgruppen in Düsseldorf, Remscheid, Hückelhoven, Bonn und Aachen sowie besonders die Expertengruppe in Finnland, DANKE!! Ihr habt uns im Vorfeld fleißig beratend zur Seite gestanden. Ja, wir haben gemerkt, dass wir doch eine andere Generation sind und dass es tatsächlich schwer ist, in eure Köpfe zu gucken. Wir bedanken uns für die Einsicht in eure Interessen und Geschmäcker. Ihr habt maßgeblich zur inhaltlichen und gestalterischen Form beigetragen. Ganz besonders Tim Dyck, Stephanie Fischer-Marek, David Koontz, Kyul Floehr, Michael Czernik, Tim Schmitt, Yannis Linke, Raphael Czampiel, Paula Eschenburg und Emely Matthes.

Lieber Christian Oppermann, vielen Dank für die großartige Unterstützung und Tipps zum Thema Steuern. Sie sind immer für uns erreichbar und antworten schneller als die Feuerwehr! Wir sind sehr froh, eine so kompetente und sympathische Person an unserer Seite zu haben.

DANKE!!

LIEBE AUTORINNEN UND AUTOREN,

ihr bildet das Herz und Kernstück unseres Buches. Es ist ein so großes Privileg, mit so positiven, begeisternden und motivierenden Menschen wie euch ein gemeinsames Buch herauszubringen und euch zu kennen.

Jana Katherina Piller: Du bist eine absolute Powerfrau. Es ist inspirierend, wie fleißig und ehrgeizig du dich für deine Ziele einsetzt.

Dominic Krätz: Du ermöglichst es uns, die leckersten Törtchen auf dem Planeten genießen zu können. Wenn du Sachen anpackst, dann machst du sie von Herzen und mit Leidenschaft. Wir bewundern, dass du immer an dir arbeitest und ein großes Herz hast!

Alexander Raths: Du hast dich darauf eingelassen, dein gigantisches Wissen auf ein paar Seiten zu beschränken. Gefühlt hättest du mit deinem Thema alle Seiten allein füllen können.

Dr. Wolfgang Tonn: Du bist der Muster-Arzt, wie ich ihn mir vorstelle: immer engagiert für deine Mitmenschen, evidenzbasiert, nahbar und empathisch. Deine Notdienstseminare haben mir die Angst vor Notfällen genommen und dein Buch „Jahrzehnte länger leben" hat mich zu einem anderen, glücklicheren, körperlich und geistig gesünderen Menschen gemacht. Dafür ist dir meine Familie unendlich dankbar.

Charlotte Quik: Du zeigst uns auf, wie wichtig Familie ist, und lebst es uns so großartig vor. Wir bewundern dich, wie du Familie, Beruf und deine Kinder unter einen Hut bekommst.

Kim Marina Schlangenotto: Du begegnest uns immer gut gelaunt, steckst uns damit an und siehst in allen nur das Beste.

Kyul Floehr: Dein großartiger Einsatz mit Ideen für unser Buch geht weit über das Kapitel hinaus! Wir lieben dich!

Prof. Dr. Christian Hanke: Du hast dich mit deinem Netzwerk voll hinter unser Projekt geklemmt. Es ist Wahnsinn, wie viele interessante Menschen du kennst. Du hast ein so unglaublich positives Charisma, wie wir es selten erlebt haben.

Alexander Wurz: Du hast mir gezeigt, wie wichtig es ist, sich auf andere Blickwinkel einzulassen. Gerne denke ich an dein „Global Business Skills/interkulturelle Kommunikation"-Seminar zurück. Die umgekehrte Landkarte und der Detektiv haben sich in mein Gedächtnis eingebrannt. Deine Begeisterung überträgt sich auf deine Mitmenschen im Mentoring, Coaching und auch in deinen Vorträgen.

Kathi Schr: Instagrammerin, Influencerin und Social Media – passt das mit Ehrlichkeit und Authentizität und „auf dem Boden geblieben" zusammen? Ja! Du bist der lebende Beweis dafür! Und auch dafür, dass es möglich ist, viele Infos in möglichst kurze Zeit zu packen, Stichwort Redefluss :-).

Dein Team
AUF EINEN BLICK

 Jana Katherina Piller
01 Selbstbewusstsein

 Jana Piller

 Charlotte Quik
06 Familie

 charlotte-quik.de

 Dominic Krätz
02 Mindset

 shop.isabella-patisserie.de

 Dr. Sung Han
07 Freundschaft

kjp-praxis-duesseldorf.de

Dr. Sung Han

@sunghantastisch

 Alexander Raths
03 Glück

 Kim Marina Schlangenotto
08 Mobbing

 kjp-praxis-duesseldorf.de

 Dr. Wolfgang Tonn
04 Gesundheit

 j10ll.de

 Kyul Floehr
09 Partnerschaft

 Kyul Floehr

 Dr. Sabrina Han
05 Schlaf

erfolgreich-schlafen.de

@erfolgreichschlafen.de

Dr. Sabrina Han

 Stephan Choe
10 Finanzen

 Stefan Choe

Lukas Hong
11 Gewohnheiten

- Lukas Hong
- @lukashong

Rahel Dyck
Lektorat

- raheldyck.de
- @raheldyck
- Rahel Dyck

Prof. Dr. Christian Hanke
12 Zeitmanagement

- Prof. Dr. Christian Hanke

Yvonne Pils
Grafik-Design

- alleswirdschoen.com
- @yvonne.pils

Alexander Wurz
13 Kommunikation

- open-i-consulting.com
- A. Wurz

Karis Coronel
Fotografie

- @karis_grace_c

Kathi Schr
14 Influencer:in werden

- @kathiischr

Daniel Aderhold
Buchsatz

- admida.de
- info@admida.de

Hanna Umfahrer
15 Selbstständigkeit

- umfahrer-kommunikation.de
- @loewenherz.kommunikation
- @herzstueck.kommunikation

Es geht ums echte Leben

Wir haben noch so viele weitere Ideen und Anregungen, um dich und deine Freunde fürs echte Leben zu begeistern. Das Leben ist so wunderbar und du bist es auch. Lass uns das feiern!

Bei uns geht es um:

DICH

DEINE GEDANKEN

DEINE GEFÜHLE

DEINE IDENDITÄT

DEINE INNEREN WERTE

...

DEINE STÄRKEN

UND WIE DU MIT ALLDEM GUT LEBEN KANNST

DEINE SCHULE BRAUCHT UNS

Hat dich das Buch begeistert? Dann erzähl deinen Freunden, Eltern und Lehrern davon! Wenn du denkst, alle sollten das wissen, mach gerne Werbung für unser Projekt.

Wir kommen auch gerne in deine Schule oder Uni und gestalten ein echtes Gipfelstürmer-Event für euch!

Hier findet ihr weitere Infos: gipfelstuermerbuch.de

WIR DENKEN DIE GROSSEN FRAGEN DES LEBENS DURCH:

Wie gehe ich mit Neid und Missgunst um?

Was macht mich aus?

Wie gehe ich mit Niederlagen um?

Wie erkenne ich Abhängigkeiten?

DEINE IDEEN ZÄHLEN

Hast du Tipps und Anregungen für uns? Oder sogar ein Wunschthema für das nächste Buch? Dann schreib uns gerne!

 @gipfelstuermerbuch

Hier kannst du dich zum Newsletter anmelden und dranbleiben

IMPRESSUM

© 2021 Initiative für echtes Leben,
Herausgeber: Dr. Sung und Dr. Sabrina Han, Börnestraße 10, Düsseldorf

Gesamtgestaltung Yvonne Pils, Düsseldorf, alleswirdschoen.com
Lektorat Rahel Dyck, Bonn, raheldyck.de
Marketing und Kampagne Hanna Umfahrer, Solingen, herzstueck-kommunikation.de
Satz Daniel Aderhold, Erzhausen, admida-Verlagsservice, www.admida.de
Bilder Karis Coronel, Düsseldorf
Autorenfotos von Autor:innen, Foto von Alexander Raths © Alex Muchnik
Druck Printed in EU
Verwendete Schriften Bitter, Daisy Wheel, Summer Loving

Das Werk, einschließlich seiner Teile, ist urheberrechtlich geschützt. Jede Verwertung ist ohne Zustimmung des Herausgebers unzulässig. Dies gilt insbesondere für die elektronische oder sonstige Vervielfältigung, Übersetzung, Verbreitung und öffentliche Zugänglichmachung. Bei Verwendung oder Refenzierung im Unterricht muss auf dieses Buch hingewiesen werden.

 gipfelstuermerbuch.de    @gipfelstuermerbuch

Printed by Amazon Italia Logistica S.r.l.
Torrazza Piemonte (TO), Italy